U0737572

新时代诗库·第三辑

挖一个矿

周启垠 著

中国言实出版社

图书在版编目(CIP)数据

挖一个矿 / 周启垠著 . -- 北京 : 中国言实出版社 ,
2025. 6. -- ISBN 978-7-5171-5112-8

Ⅰ . I227

中国国家版本馆 CIP 数据核字第 2025RV5215 号

挖一个矿

责任编辑：王君宁　史会美
责任校对：王建玲

出版发行：中国言实出版社

地　址：北京市朝阳区北苑路180号加利大厦5号楼105室
邮　编：100101
编辑部：北京市海淀区花园北路35号院9号楼302室
邮　编：100083
电　话：010-64924853（总编室）　010-64924716（发行部）
网　址：www.zgyscbs.cn　电子邮箱：zgyscbs@263.net

经　销：新华书店
印　刷：北京鑫益晖印刷有限公司
版　次：2025年7月第1版　2025年7月第1次印刷
规　格：880毫米×1230毫米　1/32　14.5印张
字　数：200千字

定　价：58.00元
书　号：ISBN 978-7-5171-5112-8

《新时代诗库》编委会

新时代诗库

周启垠，安徽六安人，教授级高级政工师，中国作家协会会员、中国诗歌学会会员、北京作家协会会员。曾参加诗刊社第23届青春诗会。先后在《人民文学》《诗刊》《中国作家》《北京文学》《解放军文艺》等多家报刊发表诗歌、散文、报告文学等。有作品入选《新中国70年优秀文学作品文库》《中国年度优秀诗歌》等多种选本。出版诗集《鸽子飞过》《红藤》《激情年代》，散文集《心灵贵族》《平步山水》等多部。曾荣获首届中国李季诗歌奖大奖、全国乌金文学奖等奖项。

目　录

CONTENTS

神圣火焰

第一篇章

就一个字，绝！昏黄的大地，漫漫黄沙，贫瘠到无法用语言来描述，黄沙，沙漠，深处，鬼不生蛋，抬头连天空都是灰的，都是沙尘飞翔。开采之苦就是从这里开始，那些人用影子抵挡黄沙。用脊背抵挡黄沙。那脊背，鼓一样，黄沙敲击出撬动心灵的声音，所有的心灵为之震颤。一粒沙，滚动，滚动，由小变大，变得更大，直至充满整个天空，洒满所有人的眼睛。所有人不用睁开眼就能看见开采之苦，这时候，就看见那一粒沙。

1. 沙

连走廊都没有，连墙也没有
连树也没有，就是沙
一粒一粒一粒一粒，就是整个天下
整个世界，所有导师的语言都是苍白
在一个点里，一粒沙就是一本书
无论你怎么翻，怎么折叠

你看不见里面的文字
看不见里面深挚的一切
那是一个完整的世界
开始的时候就是那样
直到结束还是那样
掰开，不用伸出手，风就能完成这一切
一本书合上的时候都是沙
一个天与地，拟好的填充物都是沙
每一粒沙都可以看作灯泡
只要你看见就有光在弥漫
所有的灯丝都不用点燃
就有火焰照彻整个世界的仓皇
从黑到更黑，到最黑
到什么也看不见的黑，还是沙
从亮到更亮，到所有的亮
亮堂所有人的眼睛，还是亮
只有沙，像军号一样在吹响
一支肩负使命的军队冲进了沙中
一支天然召唤的军队冲进了沙中
在沙中，一抬眼就是一个混沌的世界
用汗水和坚忍创造一个新的世界、新的生活
沙，沙漠深处，一个军团如此勇猛
一个军团如此辽阔
从一百年到一天都能看见
沙里面的脚印、身影

喘着粗气的不屈服的呐喊最有力量

让他们都挺直了腰杆

当年怎么弯下去的腰

现在就怎么挺起来

沙塑造的雕像是这世界最永恒的流行

2. 手掌

展现出来的，在沙里面

沙不过是作为背景

或者沙营造了氛围

手掌、茧子、老茧，多么老

是掌上的坟，埋葬了青春

埋葬了中年、埋葬了老年

埋葬梦、埋葬智、埋葬慧

埋葬生命深处萌发的新芽

手掌，茧，那埋葬一切

又被一切所开辟

突破了，什么都出来了

像灯丝乌得不能再乌

终于发出了光

手掌下的光，让万里山河都更加灿烂

手掌里的光，让所有的军号

都能一气冲天吹出一条道路

吹落的不是天幕而是人心的浩荡

吹落的不是无风之火

是火在手掌上熊熊地燃烧

温暖就在那样的手掌里一寸一寸
铺开，铺开，铺开，铺得辽阔而遥远
铺得如入无人之境
铺出九百里又九百里的光
也照亮我们的生活
这生活，没有酒怎么能行呢
所有的堡垒，手掌上的茧
轻轻一萌动就能把苦难攻克
饮醉的光，就是天堂
手掌，在沙里面开辟一个世界
就让沙打开尘封的琥珀一样的风景
就让沙扬起理性之梦
就让沙一个年代又一个年代，再一个年代
创造一个军团，让一个军团无限强大
无限地用生命作为文字来给这个沙
放大出白天黑夜
浅表、深处，一直到地底核心
一直到手掌中，一个影子又一个影子
一片喧嚣又一片喧嚣
哪怕静默都是雷霆般的咆哮
都是一些细节在手掌上，在纹路上
蹚出了黄河、长江、尼罗河、密西西比河
所有的河，包括不远处的乌兰木伦河
旗帜在手掌上也能够竖起来
既然风在手掌上能被撕碎

旗帜在手掌上就一定能被竖在地球之巅
竖在开掘的顶端
高处，甚至某一个角落
风一吹就猎猎作响
那是怎样的手掌
矿工的手掌，血肉丰沛
握紧的镐举了起来

3. 镐

这是挖煤的镐，不是别的镐
整个下午像小学生摆弄铅笔一样在摆弄着镐
像中学生摆弄着钢笔一样在摆弄着镐
像一个军事指挥员总控着指挥棒摆弄着镐
哦，那矿工手里的镐，非一般有力量
哦，那是高原，有那个镐就有一个体感
有那个镐就有了活力
有那个镐就能听到世界叮当作响
世界和谁都能和解静默无声
世界和矿工在一起
就能听到不屈服，不忍耐
不得不发出一次又一次喘息的声音
这地球，一镐下去就该有一些声音
没有声音的世界是多么寂寞
有了镐碰撞出的声音
文艺复兴时的画面就能够更加辽阔
更加有力量，更加撞击人心

更加颠覆大地，一个新的天堂
是镐挖开了一层一层的沙，一片一片的沙
一个高原上的沙
在镐里面后退，后退，后退
一个矿坑出现了
是矿工手上的镐开掘了一个世界
为什么不把世界开掘得更深远、广大、辽阔一些呢
既然有镐，就不要畏惧可能出现的挫折阻挡
就不要畏惧那沙之下有多么坚硬的石头
一镐下去，溅出的火
让所有的眼睛都可以更亮

4. 视野

这不仅仅是我的视野，也是你的
是所有人的
在高原上，站得越高看得越远
在高原上，天空不过就是一层幕布
轻轻伸手
一撕就能扯下来多余的灰烬
天空，弓着腰，冲击，前进的声音
从来就没有停歇过
从来一代一代的不屈服，走进视野
即便黑暗像记忆一样柔软
黑暗像画面一样
在不可知的远方有着攀登的脚步
哦，你听，这地球

一直有咚咚咚咚的声音
咚咚咚咚的声音
敲击我、敲击你、敲击沙、敲击石头
哦，是镐敲出了声音
不仅仅能充满我们的耳朵
我们的视野一片昏黄和洁白
一片光和暗影、暗流
维持好自己的地位
就站在不可替代的点上
就站在自己的高处
用手指抚弄一下中国的琴键
中国琴蹦出的声音从远古到现在都会有回响
用调和好的墨扑下去，扑出一个黎明
扑出一个黄昏，扑出霞光
也扑出乌云滚滚，还扑出大雨滂沱
再扑出阳光灿烂
无论有什么头顶就是一个天空
穹窿一样，椭圆或浑圆
沙，手掌，镐
就构成一个遥远又遥远的视野
多么庞大的视野
从中国作为站立点到任意的地方
到不排斥、不拒绝
到楼盘、钻石、隧道，钻石取火
到保持着原生态，原始又原始

黑又黑，到开拓另一个星球
尖端又尖端，再尖端
爱，自由，智慧，超越一切
一代又一代，超越了多少代
都不排斥，都在视野里
纳入视野，进入胸中

5. 地下洞

该往深处掘进了，掘得越深
就越有穿越我们胸膛的回声
掘得越深，我们的眼睛
就能看到更多的城镇码头村庄山岚峭壁
呵，灯光
那是窗户里的灯
谁在灯下正缝着即将远行的叮嘱
谁在灯下在灶台前正煮着儿行千里的牵挂
谁在灯下弹出又一曲中国琴
有声音的世界才是幸福的世界
一镐下去，那个口子就往深处掘进
十米、二十米、三十米、五十米、一百米
更深一点又何妨
挖出了一粒沙之后就挖石头
挖出一块石头之后就挖地壳
挖出地壳之后就挖得更深
挖出血肉，深处分散的光芒
挖出骨骼里不断碰撞的金色音调

哦，这大地挖掘的人
是伟大的人，挖掘的人挖到地底深处
什么都不畏惧，没有光的时候
自己给自己创造光明
没有水的时候自己给自己带来饮水
饮尽风餐露宿的生活
饮尽地下伸手不见五指的生活
饮尽一块一块的峭壁，石头掉下来的时候
是它的笑——砸出的笑
原来才是这世界真正的笑
看一看吧，像蜥蜴一样
或者像蚯蚓一样
哦，都不用一点点颜色
就镐，一支镐，一双手，一颗心
砰砰砰砰砰砰
挖下去，从矿坑到矿洞
洞的深处，是一生不停歇的决斗

6. 少年挖成老人

多年轻啊，那时候风一吹
书包被卷出一个稚嫩世界
地库，镜子一照
哦，那是孩子
镜子再一照，呵，手上拿着镐
挖在沙漠深处，挖呀
挖出了一个井口

撕开一个口子就是一面旗帜
能插到更远的地方
撕开一个口子脚步就不再停歇
一天天，一年年
日日月月，挖进去
从少年到中年就没有停过
在画的纬度中都不用勾勒那形象
就看吧，那稚嫩的皮肤上刚刚长出春天的万花筒
在沙漠的世界又挖出深不见底的黑洞
能挖到什么时候就是什么时候
像愚公一样自己挖，别人挖
子子孙孙挖下去
挖，挖，少年挖成了老人
石头被揭开，水泥铸进去
钢筋埋进去，钢铁撑起来一个新的世界
老人，老矿工都不用讲述自己的年华
就在矿井里自豪且幸福地嘴角荡漾出笑容
这是整个煤海里最让人不能忘记的波涛
这是整个煤海里综采机连采机
结构之后留下的痕迹
哦，火焰是红色的
黑被掘出了红之后
冲天的少年，矿工的老年
矿工就在自己营造的宫殿里穿行一生
这是伟大的宫殿

没有想象中的觥筹交错
没有大理石纯属不可侵犯的高贵
深处，矿工，在大地的机体上
大地的深处，挖出了一个放大镜
让有心人一抬头就看见
火焰诞生在生命之上，生活之上
这才是最伟大的！
啊，一本书翻开进入历史
在煤海里就是一个人一辈子的航行
一辈子恍若重新开始
一辈子一定重新开始
一辈子万劫不复必须重新开始
多么深远的世界，值得一代代探究和求索
像康德一样
什么时候都关心头顶的苍穹……

第二篇章

每一天，一辈子，就一件事，挖得越深越神秘，越深越明亮，天下有黑夜才有白昼。

1. 一粒煤

就一粒，仿佛在歌唱
在镐的碰撞里歌唱，石头的缝里歌唱
地心深处，这唱才是世界最动听的乐曲

只有那挥着镐的人挥着汗
只有那挥着镐的人挥着泪
只有那挥着镐的人听得见
那高潮部分的喊声、夯声、咳嗽声和撞击声
深处，一粒煤都不能舍弃
深处，一粒煤都无比珍贵
拳头一样，击打着生活的每一分每一秒
手腕上蹦出的每一句话都闪着光
手心里蹦出的每一粒煤都是赞美诗
啊，赞美，黑夜
黑煤，一粒煤，暮色和夜色都聚集在一起
一粒煤，大海的波涛、因子、分子、孩子
解脱，奔赴，撒哈拉的长笛
魔鬼的长笛，天使的长笛
声音里有多少历史的纸张在翻动
琼浆之声抖动又合上
琼浆之声静默又喧嚣
呵，煤的边上是石头
石头的边上是煤
手上就是镐，使镐的人
从保持初心不变到永恒执着
到深处挖掘的每一天
独特的耐心
每一天挖掘出茁壮的花朵
呵，嘶哑的声音变得雄壮

仿佛在坟墓里也能够听到
这个世界冲锋进击永不停歇的旋律
这大地不过是一个壳，贝壳一样
什么都不能湮没
一粒煤，挖出来，见到阳光不能湮没
一双手，戴着手套，暗含血丝
映衬彩霞不能湮没
黑夜再黑，什么都不能湮没
流苏一样，一粒煤的光就是眼睛
流苏一样，所有眼睛里都有那煤的光
这世界温暖，原来离不开一粒煤
这世界光明，离不开一粒煤
星辰再远都有光在心中照耀
星辰再远都有生命在掘动中
巍峨出谁也不能忽视的雕塑

2. 在心里和掌中翻转

心啊，在心里收获了这大地
汗水结出的果实
收获了粉色海螺吹响的号角
心啊，收获了亿万斯年玫瑰的芬芳
心啊，收获了枯木蜕变成彩旗的飘动
心啊，有这么多的煤这么多的黑
这么多的光
弯曲的不过是一代一代的身躯
挺起来的又是一代一代的胸膛

在心里，仿佛有一个声音在说
死亡，不过是一镐挖下去的石头
迸溅出的回响
心里有声音在说，掘进，掘进
什么也不能停止
在心里和掌中翻转
有着旗帜一样的呈现
好了，现在旗帜变红，心血一样变红
澎湃，煤海的波涛不是黑色的
是红色的，是成千上万个人
成千上万个人物用心血和汗水
凝聚出大地闪光的红色彩灯
霓虹，就是这样
回家的路，出发的路
远行的路，征服的路
长征一样，婉转的路
都跳动着在手中翻转出的红色基因
月光也有红的成分
向身体喋血出了这煤海万顷波涛
像一个队伍的身体喋血出
这大地一直沉默的雷鸣
哦，雷一样的轰动在掌中传递给身体
从身体里传递出轰鸣
让这个世界的耳朵都能够醒来
显露出骨骼之树一直茁壮

现在，好了，这么快
一动笔就能听到掌中翻转的虹霓
是人类创造出来的
从黑里面创造出来
让无数的人敬仰、倾倒、灵魂相认

3. 画廊里的眼睛

这是不是展览？
香港人走过之后一直有一个疑问
这陌生的巷道
你们说的巷道是展览的长廊吗？
长廊里眨着惊奇的眼睛
清澈的眼睛，怀疑的眼睛
这么深的巷道
甚至那些生产的综采面
那些煤屑飞舞
他们都认为这是展览
展览，惊奇的眼睛，怀疑的眼睛
一直就没有停过
像公园里的孩子跳入了雕像群
那么神秘地看着一切，又怀疑一切
发出的声音，是母语的声音
深处的声音，是一本黑色大书
文字忍不住发出的声音
脸微微倾斜，光在远的地方
煤海，深处的海，深处的长廊

艺术家一样的眼睛
画廊里的眼睛，那么好奇
不是心不在焉，是执着地在问一个问题
这真的是生产的矿井吗?
这是不是专门用来展览的?
展览，多么好的矿井
这是中国最大的煤炭生产基地
鄂尔多斯上湾煤矿的深处
那双画廊里的眼睛
眨着中华儿女的沧桑和惊奇
恍若重新开始
恍若不是怀疑
而是信以为真
这就是真的
透过画框，这是真实矿井的巷道
那双眼睛就是太阳
照彻所有人心底
沉寂到粮食里生命发出镳铲的回响

4. 煤灰，就是神圣的灰

在飞舞，像蝴蝶一样有翅膀
那么美，只有我在这里能够发现
在咳嗽声中发现
在巷道，钢铁机械的轰鸣中发现
那是蝴蝶的翅膀，那么美
飞转，一只、两只、三只

一个队伍在飞着
旋转地飞着
洒水车，洒水的珠子晶亮
让他们闪出春天的光芒
那是神圣的光芒
神圣的灰，神圣的蝴蝶飞舞
就那一刻
这地底深处用镐挖出来的闪烁
这地底深处粗线织就手套吞没有血泡的手
打开钢铁遥控器
按一下机械引擎
穿过历史的黑夜
穿过长长的道路
每一位摇晃灯笼用背影给世界以震动
每一位用镐挖掘时间给耳朵以回响
站起来的灰，飞着，飞着
一只只蝴蝶飞进春天的深处
玫瑰开放，随风飘动
花瓣，萦绕不止
呵，人心的煤灰，人心的蝴蝶
用一个弧线、曲线、优美的抛物线
迸溅大地永不放弃的石头

5. 攥紧的手，一撒开就是遍地乌金

一场神圣的早餐之后就扎了下去
扎在地底深处，在煤的黑洞里

从来不祈求有遍地星光
抬头与低头之间，把鞋穿在脚板上
把脚交给地心回响
黑色中走着有力量的雕像
在黑中最亮的眼睛
是世界一抬眼才能看见的星星
有褶皱的百叶窗，拉上百叶
一抬眼就看见星星
呵，走着，不仅仅是一个人
不仅仅是一个强壮的男人
声音，一直神秘
神秘在人类踏过的
每一块黑暗的地方
神秘在棕榈树间卷着海浪
哦，无尽的海浪
攥紧的手长出茧子
擦肩而过
攥紧的手一撒开就是遍地乌金
如神一般低垂鸵鸟的翅膀
猛志原来在天空
而撒手，服务服务掘进掘进奉献奉献
索取索取，脚步踩出的声音
比那时大手撒开周边的天空更加辽远
呵，闻一闻那气息，香烟的气息
风的气息，大地的气息

浆果的气息
谁已经把豆浆在灶台上煮好
热气在蒸腾，生活的烟雾
穿过铺满鹅卵石的小院
穿过温馨又浪漫的门庭
穿过灯光融融的卧室
灵魂这个时候并不需要燃烧
走出家门，在地心深处
在自己开掘的宫殿里转身
喘息的气味，巷道上的字母
红色的标语
攥紧的手攥得更紧
攥着综采机的轰鸣声
攥着连采机不停歇的喘气
生活好像一直喋喋不休
有着叙述的平凡和简单
攥紧的手一直攥着
仿佛不能松开已经抓住的把柄
仿佛在黑洞深处发现的黄金
一克一毫克一两一斤都不能够丢弃
呵，一撒手大地之上
是矿工的雕像
千万里山川无限动容

第三篇章

每个早晨，叶子都在树上闪着新的光，新的肩膀扛着梯子，往上攀登，从地心往上攀登，镰刀形的步伐，弯曲的河流一样的步伐，一直一直向前，要走到太阳的边上，太阳是手开掘出来的，是那些人开掘出来的。一只风筝在飘，飘，隐隐现现，像是真的，但那些人手上的线从来没有断过，追逐，放逐，喊着，仰面朝天，英雄一样从来不放弃，直到成为挖煤人用煤雕刻的塑像。

1. 于谦，背着深山

显然，他从来没有下到这地下八百米的深处挖一锹煤
但他背着一座大山，千锤万击的深山
他知道，拉煤的车一年一度、一秋雨一春风地行动着
所有行动的动力都是人，双手，脊背，生命
包括澎湃的鲜血，一直向前，猛地向前
脖颈抖动一下，仿佛有雷霆的声音
仿佛再向前，不辞辛苦出山林
背上的山是多么大，多么重，多么陡峭
背着，就背着，一直背着
在时间里蠕动，在隧道里穿行
背着一座山的力量，像在巷道里看到每一个人
都像他一样背着
只是，不再是书生的模样

2. 矿工甲，蜕一层皮

蜕就蜕了，像蛇一样

谁不是一年一年在蜕皮
蜕，开始有点弯曲，也疼痛一样
走在地底深处
潮湿，难免潮湿，浸袭了膝盖
但他后背上的驼峰驮着
像以前一样，曾经驮过的深山
甚至，在低语时洁白的牙齿
在煤海更加晃眼
他的孩子，他的端着保温碗的午餐
穿过一个巷道，拐一个弯
安全地带，煤矸石，河流一样
激荡出声音
他已经心甘情愿在地底，一年、五年、十年
心甘情愿，蛇一般，蜕一层皮
蜕出太阳的光芒，星星的光芒，月亮的光芒
与牙齿相对应的色彩才是真的色彩
一抬眼就好像从心里认了出来

3. 矿工乙，综采机操作能手

现在，多么好，综采机
钢铁旁边，滚滚洪流
飘浮着他的脚，他走，走
滚滚黑煤之中，黑煤的浪中
潮水中，他是能手，也是旗手
他手上别看没有拿着旗子
一抬眼，就知道，他就是旗手

生命是旗帜，有一点点风就猎猎作响
生命是旗帜，有一点点光就反射无限的风光
霹雳一样炸裂，四散的光
霹雳一样炸裂，思想的火花
往深处，操作综采机，操作遥控器
巡检，钢铁轰鸣、生命轰鸣、脚步轰鸣
他就在综采队闻到了一天天的气息
闻到生活的味道
到处都有煤灰扬起，到处都有抑制煤灰的水喷洒出来
水花是这个世界最永恒的花朵
不用泼墨就可以凝固成永恒的画幅
而旗手，三班倒也好，连轴转也好
指挥着千军万马，指挥着奔腾的煤块
一刀一刀奔赴进春夏秋冬

4. 矿工丙，治水

地底挖出的水才叫水
地底深处的水一旦汹涌起来多么可怕
治水工，精巧地撬动每一天
疏通了每一天
活动了每一个关节
流畅了每一个环节
像技术精湛的司机掌驭着水
像勇猛的水手指挥着水
地下水，不是往外渗
偶尔非常调皮

一刀惹出水的愤怒
治水工低垂眼帘，吧唧吧唧
穿着防水靴的步子抑制水的奔腾不息
抑制，水，治水工举着旗子就是水手
引领着地下水的方向

5.矿工丁，通风处的一天

这不是非凡的一天，好多门要打开
有门，就要能够关上
有门，就要能够打开
有风吹，万物才有延续的可能
皮肤像芒果叶一样生着色斑
皮肤也像黑煤一样点缀着星辰
一路阳光的手，也挖掘着阳光
需要风的手所到之处都带着风
有一些风声一边吹着后背
一边吹着脚板，吹着，向前
许多人就在那风中可以羡慕地看
也可以祝福他走得更远
通风处，门，一天又一天
一年又一年，地底再深都有风
小鸟叫的时候叶子变绿
玫瑰上的叶子变绿
小鸟叫的时候地底风的号音
通风的快乐什么时候都是一个正片
通风，专业的风在喧嚣中把黑的世界改造

6. 矿工戊，又是巡检的一天

都停止了，机械的轰鸣
都停止了，煤浪的涌动
都停止了，地底的嚎叫
停一会儿，巡检工走过并不孤独
巡检工伴着光有一点昏黄
一出一没的动作
仿佛踩着音符在走
地底的光一点也不浪费
眼睛打量得那么仔细
目光中有利刃划过每一个地方
包括钢铁中间一点点疼痛的震颤
巡检工在走
脚步一次一次裁剪大地深处的丝绸
他行军一样往前走，细心地往前走
发现着一切，又面对着一切
仪器、仪表、旋转轴、螺丝、螺帽
一点一点都不放过
他倾斜着耳朵像医生一样听诊
听出可能出现的一切——
风险风险风险，危险危险危险
都是在巡检中发现发现发现

第四篇章

固体的黑煤幻化成流动的乌金，沸腾的世界，只有群山，群山，而群山是从沙漠上堆起来的，一粒沙堆出一座山，一粒沙挖出滚滚乌金。从最低处往上走才有最高处的星辰，最高处的辉煌和灿烂，是从地底挖出来的，挖出来群山，只有群山，群山……

1. 煤中间吹着喇叭

能够听到声音，震撼所有耳朵
仿佛从山海经女床之山吹过来的风带着声音
仿佛从马六甲海峡澎湃的波涛带过来声音
涂上光泽之后
闪耀的一切都不会是假的
不会！那煤吹着朴素的幻想
从很小的时候就长出了耳朵
耳朵是用来听声音的
不一定需要喇叭那样高的分贝！
但是，羡慕他们，羡慕他们那么有力量
羡慕他们，羡慕他们那么有穿透力
穿透式的喊叫已经从地面到地下
从天上到沙粒深处
而干枯的石头动了，沙，沙粒
吹出一座山，一座山
只有一座山，一座山……
坚持吧，一个声音在不断地喊叫

坚持，坚持到底才初心如磐
并无澎湃可言
但有坚持的步履响彻心灵的峭壁
万花筒一定会开出春天不一样的浪漫
秋日菊一定会金黄生命不一样的天空
而喇叭里，该吹的，就让它吹吧
吹得大一点，响亮一点
让所有的耳朵都醒来
哪怕装睡的耳朵
哪怕埋掉心脏的耳朵
该醒的，就让他迟早在哪一天
真的醒来

2. 站着的雕像

站着的雕像
也看见滚滚的黑浪卷着人间又一个海站着，站得并不高
从地底站起来，不管是什么样的巨人
都不能被秋天看见
秋天并没有损坏的太阳一直在旋转
心中的太阳在钢铁上悬挂出来
钢铁、综采机、太阳石
太阳的屑坠落不仅是在傍晚、在黎明
在村庄，在城市，在街角
在霓虹闪烁的铁匠铺
谁还一直开着门
一个跳动的时代，一颗跳动的心

铁匠铺寂静的风吹着烧红的烙铁
烙铁下面就是煤，是那双手挖出来的
睁着的眼睛连着嘴，迟疑的脚步
有力量的手敲打一个时代烧得通红的回响
葡萄酒飘香的时候，这是梦
这是在巷道里走着，有一点寂寞的想象
从低矮的钢铁廊柱
到头顶的铁丝网顶板、护网
黑色的梦，黑色的庭院
渗出的水都是昏暗的，至少没有一滴是真的
轻蔑的眼睛在粘贴煤灰的腮上擦过
仿佛黑夜降临，越真实就越虚幻
站起来一切都看见
滚滚黑浪卷着人间又一个海
让帆远去吧，让梦想远去
让天下灯火辉煌
人心澎湃，在黑色的波涛里奔赴东南西北

3. 陷入文字的眼睛依然看见薄暮的世界

不管怎样地白或黑
在我眼里，我都能看见
轻轻的波浪是黑的
黑，恰好有点像音乐
有着弯曲的色彩
弯曲，衬着这里的深、远、辽阔
或者寂静

或者在更深处，更黑
没有什么能把一切都洗得干干净净
在我心里，我，始终有着既定的向往
萌芽的时候，春天能在这深处
任意的地方长出更多的眼睛
不管看不看见我转身离去或者转身回来
我在钢铁的轰鸣中穿行
像我的心跳和地底一起轰鸣
我接受全部辛苦、磨难、美，和成功的浪花
我笑了一下，嘴唇就能收获坚硬的岩石
一刀一刀切下去的破碎
我收获，一直给自己鼓劲
告诉自己，就这么干，干得漂亮
再漂亮一点
我的眼睛一直锐利
有光或没有光都是外部世界的事
我的眼里始终分辨纤毫的不同
不管陷入文字的眼睛陷得多深
我都能够看见薄暮的世界
穿梭的身影在粮食中、在喜怒哀乐中
向各个方向奔赴而不后退
接着，我就知道
所有人都能够走得更远
所有人手上拿着的工具都是乐器
能演奏出地底深处铿锵的旋律

4. 脚掌朝上就知道一直会有回响

低速前进，向低处
低处有水能踩出咕咚咕咚的声音
踩着滚动的鹅卵石，黑的鹅卵石
黑的煤，所有骨头
都涂上了耀眼的光泽
闪烁的天使眼睛，往更深处看
所有的秘密都不像是秘密
哦，顶板上的小水滴反复述说美好的事情
哦，黄昏的光看不见深处的美学
切割出来的，都是白昼
都是彻底的、透明的、一览无余的
都是为了世界
为了每一个人进入久违的生活
幸福，无限奇异，出神地捧出双手
出神地奉献脚掌
脚掌朝上，一脚、两脚、三脚、四脚
脚掌朝上，五脚、六脚、七脚、八脚、九脚
脚掌朝上，沉沉的脚响
巨大的扇子，扑了过来
巨大的脚掌，大地活了回来
多少年，十年、百年、千年，亿万斯年
活了回来，岁月无限，一刀、两刀
刀痕无限，心心念念抖落出又一个世界的尘埃
脚掌朝上，奉献出暖暖的响动

出自一个人的内心，出自一群人澎湃的血液
出自一代人真实向前的冲动
哦，爱的灵魂在土地的唇齿翕动中
春天里，醒来
醒的时候能听到声音
现在，请远一点，远，永远，脚掌朝上
创造深处一直没有被时间擦去棱角的回答

5. 誓约

一直按部就班
一直有自己从小就立下的誓约
在鄂尔多斯沙漠深处
一扎下去就是一天
一扎下去就是一个春季
一扎下去又是秋天
一扎下去又是一年
一扎下去青春就不见
头发在安全帽下面变变变
——变得弯曲、服帖
——变得雪花飞扬
哦，不一样的书有更多的雪花
在飘落，在飘落
在深处，誓约一直没有放弃过
就挖掘，挖掘
一个矿工过来询问，“那里还有水吗？”
另一个矿工又过来询问，“采煤机没有别的响动吧？”

序曲刚刚开始
序曲是每一个人都能够听出来的
在深处，只要有光明
都可以跟着序曲唱自己的歌
青春的歌，中年的歌，老年的歌
走在一起，拥抱在一起
很清晰地告诉世界，团结在一起
每一天，在旋转的皮带里轰鸣的书写里
都有快乐和粗野的喊声
喊出来，喊出来
每一个人眼里都有光
喊出来，每一个人都有深深的爱
不带任何色彩
深处有光照着，还没有被切割出来
路肩一直很坚硬
能挑着久远又久远的群星
所有穿着高勒靴的声音覆盖过来
都看不到阴影
看不到每一天那么多的人回到岗位
回到综采面上
都在做应该做的事
他们说这一切都是应该的
他们说这一切必须坚持到底
必须从走路的第一天开始就不能停歇
他们没有停过

誓约，一直在耳畔回响
在序曲里不用歌门就进入高声部
潮水汹涌，是一天天冲进轰鸣的机械
让生命跟着又一次次轰鸣

第五篇章

1.门

你多么想把门打开
你是真心的想从里面要把它打开
门闩要被砍掉
门槛也要被撬掉
那镐，锋利的钢铁
撬动的声音让所有的人都心动
只是里面的人能听见
外面呢？已经被锁上
那锁甚至都不发出一点声音
不留出一点缝隙
钥匙仿佛在别人的手里
你要把它打开，可能吗？
因为心的门已经关闭
你不过喊一喊做个样子，能打开吗？
后来经过的人又给加了一把锁
只有伟大的风在吹，在吹
只有时间过去，有一天

让你从心里改变万劫不复的过往
打开，是一个古老的心愿

2. 钢铁集结

钢铁都走到了一起，有思想的硬度
不是任何一个仪表能够测量的
那些眼睛拂过，风拂过
粗略地估算，钢铁集结在一起
首尾相接，像有文书在浮图的上面
又有原理在教科书的一侧
回想，这时候只能是回想
沉默的一切集结在一起
也同样有溪水冲击岩石
有溪水穿透岩石的力量
穿透，为了这集结的钢铁而来
黄昏，黎明，有灯光的照耀
无灯光的沉默
许多人都身怀绝技
一次次用铅笔在纸张上划拉出不同往日的凡响
身穿粗布的工作服
矿区一个又一个擦不去的日子
振作，必须让这些有病的钢铁
全部恢复往日的奕奕神采
必须让这有力量的钢铁
发出谁也不能够夺走的轰鸣
钢铁集结，这偌大的车间

偌大的广场，排队似的
是军队，是方阵，是部落
从生锈的反光开始，从黑的
铺满油污的锃亮开始
一个具体的记忆，必须有
一流的维修工向前一步或者向后一步
弯腰、审视、动作，呵，手
让所有运转的地方都亮起灯盏
让所有人都不用目瞪口呆
惊奇于这个时候所有的钢铁
用同一个节拍发出自己的合唱

3. 钳子捏着日子

好像谁也不能够真正捏住日子
都看见了黎明敲响的那一块铁
那响声镀着一层曙色、霞光、暗影
那响声有铁链子能打开仿佛有关口咣当咣当
谁都心知肚明
那个时候空气并不稀薄
日子并不是每一天都有分泌物
日子并不是每一天都泛着气泡
那是好日子，用钳子捏着，捏得紧一点
别指望手指的第二关节会有金戒指
毛茸茸的手，顺着崎岖的道路往上检阅
跳动的心一直让春天跳动
往上，往下，或者往深处因为憋气

憋着气，而喘气，而气喘吁吁
一副专业维修工的姿势
一看就知道不是一天能训练出来的
从峡谷往里面穿越，拿起钳子
锋利的部分
一些精细的灰尘被剔除了出来
而他的同伴，也穿着帆布工作服
咔嚓咔嚓在动作
他一样神志那么清楚
他一样动作那么娴熟
不用喊他的名字就知道
所有的钢铁，集结的钢铁，都有着同样的味道
他们一起伸出手，涂上油
该旋转的让它旋转一下
试着旋转一下
该松开的，把路灯轻轻拎出来
放置在指定的地方
刺鼻的润滑油味仿佛变得香了
有一种熟悉不过的词在耳边响了起来
一点油，谢谢你润滑了一切
一点油，谢谢你焕发出生活滋味
生活，宽恕一切又修理一切
生活，在润滑中抵达任意地方
什么时候都没有丢掉手中的家伙什
那时，生活必须从商店里运过来

从比维修车间更大的库房运过来
机器人好像都知道指定的位置
那几样东西，机器人旋转
到了维修车间，维修工两眼锋利，身影敏捷
声音穿来穿去
直接，没有曲线
盯在机器最需要打理的部位
光洁的部位，生了锈的部位
螺帽拧紧的那一刻一些声音是真的
不用敲，一些声音和别的声音不一样
偌大的维修车间发出谁也不能忽视的合奏

4. 焊花开遍角落

不光是春天的花朵，也是秋天的花朵
冬天的雪花，一伸手就知道那是六角形的
零售商场零售的，智慧仓库智慧批发的
哦，那么多雪花心花一样往任意的地方灿烂
往任意的日子灿烂，往任意的角落灿烂
所有的焊接车间，倾斜或者拐个弯
焊花都随处灿烂
运煤船在大海边上停着
运煤列车在山洞呼啸
重复，重复，一天，一天
挖掘的机器在沙漠之下
在沙漠一百米之下、二百米之下
陡峭又神秘，上上下下

挖出来的，所有可能燃烧的火焰
都能让坚不可摧的钢铁发生扭曲变形
钢铁需要到这个地方让焊花任意开放
每一个人都分担万吨列的重量
每一个人兜里都装着标尺
神秘地让自己的眼睛有着刻度
每一个人清点贴着标签做着记号
那是综采机的轴，那是角铁
那是一号工程师需要处理的
那是风吹过一个又一个的日子
就把一切在排列表上排得清清楚楚
维修车间的焊花一出溜就绽放
不是太早，也不是太迟
那么准确，能醒目到单桅纵帆船上
能醒目到双桅纵帆船上
能醒目到坐着电瓶车的岿然不动里
焊花在所有的角落曝光、闪现、浮动
隐隐，一股阳刚之气
隐隐，窗户放出了音乐般的响声
然后，偌大的维修车间焊花开遍角落
不用喊一个名字
花朵之下，浪潮跟着时代起伏

5. 熄了火，机械又开始轰鸣

油棕色的光闪动，机械并不沉睡
熄了火，机械又被点燃开始轰鸣

那些忙碌的人为了新的出发
把青春、热血、激情、智慧都用在这机械上
把一切都唤醒
有风在整个维修车间大厅里轻轻地吹
暖暖地吹、幸福地吹，巧妙地吹
那些波纹像水，又像嘴角涌出的微微之笑
有棱角的生活，原来神一样静谧
浮在钢铁之上的倒影、阴影
或者铿亮处反射的一双眼睛
抓住世界一片被点燃的光亮
点燃红颜，书本
是的，需要对乌金之海又有新的发现
新的，完整且细腻，靠向一个机械的身体
再近一点，审视的眼光和温暖的身体融在一起
有一点摇摆，这是一年中的事
整齐一致，列着队的一切都像是真的
而你看见的，有一些凌乱
一些油污擦拭过的钢铁表面如同沉默
这时分，沙漠上的村庄
村庄外寂静下来的风
再也不能够搅起这里的昏黄和古老
再也不能够让这里更加凌乱
不，一切都为了有更好的秩序
一切都要恢复应有的充盈幸福
含着酒窝，调皮的微笑脸庞出现出现出现

一个上午都没有说出一句话
但心一直在机械和工程中晃动
在机械里走动，一次又一次闪光的路径
所有握在手上的扳手都可能是钥匙
所有躁动起来的灵光刹那间能抚平不再轰动的矛盾
并非没有答案，什么都能解决
昔日的机械开始轰鸣
就灿烂地笑一笑
和热烈的黎明一起对着世界笑一笑
世界，我们让又一堆钢铁醒来
让安静变成轰轰烈烈的前进
微风吹着，生活的表面也吹着
春天里的焊花，那一朵灿烂的花
落在所有人眼睛里，都有金子的颜色

6. 焊工不朽

每到周日，他就把毛巾在脸上小心地擦拭一下
再小心擦拭一下
有一点油污的毛巾在脸上留着痕
留着美好生活的泡沫，留着热气腾腾
手上，焊枪勾勒的智慧与灵巧
在眉峰绽开解决问题的一个又一个疙瘩
梳过，再梳过，疙瘩都解开了
焊工的气味在整个大厅里弥漫
坚硬的骨头，和那些纵横的机械
和陷在温暖屋子里的身体

因为坚持不懈而始终熠熠发光
他的手，握着焊枪的手
随便从哪一个方向看都有光泽布满星星
最完美的时刻是他轻轻一点
焊花就懂了似的发出滔滔不绝语言的交流
就这么抖一抖，就这么改变一下路径
镜头反转，群山，群山
森林，森林，黑煤深处
黑煤，黑煤，煤石翻滚
煤石在动，切削的刀尖衡量着可以切下来的一切
切削的刀刃向所有熔岩推进
看见的都发出会心的笑
此刻，镜头翻转，焊工翻转
也发出会心的笑
让大问题幻化成小问题
让小问题变成不是问题
解决所有问题，钢铁唤醒的钢铁
醒来的，焕然一新，只有他
三百六十五个日子
把声音、背影、剪影留在车间任意地方

第六篇章

洗煤厂，并不是所有人都在走过来，也不是所有人都在离开。堆积如山，挖出来的山，原来比心里面的山更高更黑更有光亮。这是特殊的地方，洗，洗不白，再洗，一天天都是洗，黑的还是黑的，没有谁能把黑洗成白。乘着皮带，乘着四个轮子的车辆，总有声音到来、离开。洗煤厂，从外部，谁也看不见到底有什么在发生，安静，安静，如同这里就是废弃的一座山，新堆的山。只有黑被洗之后，才显得更加像新的。洗煤厂，真实地存在，旋转，挖掘，破碎；调配，绞合延续，延续，延续……一直在延续，是行为的主体，像变压器，一抬眼就知道，洗煤厂非同寻常。

1. 洗不白的日子，一天天不是为了洗白

那些溅出的水花比什么都更多更灿烂
洗，因为他们真的在洗
吴步蟾你怎么那么忙碌
杨永泉你怎么脸上也有了煤灰
王尔群你的衣服多少天没有和水打过交道
杨晶晶你轻声一点，别让微灰堵住你的鼻孔
……哦，他们都在忙碌
一天天在洗，把水和水花喷溅给煤
把煤搅和在一起
破碎，破碎，所有的破碎都是为了融合
甲渗进了乙，乙渗进了丙，丙渗进了丁
哦，阳刚和柔软融合在一起

皮带在旋转旋转
没有一点灰是扬起来的
都渗透在一起
一天天洗，洗白的日子并不是为了洗白
只是让高与低大与小多与少
混合在一起，热力奔涌，浑然天成

2. 洗不停

从来没有停过，烟囱
好像真的有烟囱
其实都不存在
就不停，手不停，窗帘也不停
煤刀在旋转
从地底千万年奔赴过来的煤被破碎
被融合在一起，前与后，新与旧
实物、木材、动物的骨
大地深处，吵吵闹闹，窃窃私语
古怪，奇形怪状，都破碎
融合在一起……
洗不停，一直是洗
像有水声似的，是生活的每一分，每一秒
有水从所有的地方喷出来
后来就是一个海洋
再洗，把衣服全部浸进水里又提起来
搓揉，洗，洗不停，洗的是煤
是海底，是大地深处醒不过来的梦

3. 皮带转动

轰隆隆的，是皮带发出的声音
还不够，像一条河
缓慢地在动作，在动作
液体在流淌，黑色的液体在流淌
黑色，黑皮肤，黑线，黑脚，黑的身体
流淌，混合在一起
淌出日出，淌出日落
淌出觥筹交错的宴席
淌出甲醇、亚麻籽油、煤油
淌出麦田里被日光推出来的涟漪
淌出蓝色的岩石，更高之处的水喋喋不休
淌出生活平铺直叙之后陡峭的光柱
直到皮带依然故我
直到风景涂着更多的风景
作画的人，看见皮带转动不停
溅起水雾
而夕光、晨光、霞光是更多的阴影
一片薄雾蒙在上面
钉在地平线上黑色的一座山
是洗煤厂高架的骨头
钢铁运转，皮带用一己之力给生活奏出
不停歇的歌，不停歇
迎着一个日子又一个日子
把灿烂分给每一个人

4. 五千五百大卡

我就要这么多，一丝一毫都不能少
我就要这么多，一丝一毫都不能多

仿佛有刻度，刻着
精确的刻度，精确的目光
秘密而又直接、具体、审慎
就这么多，用画一样的幅面
用语言，用掌纹，穿过沟壑
挖出地底的峭壁
穿过喃喃自语的水花
所有一切都精准
抵达山顶也是那么多
深入，元素也是那么多
没有一个句子能够把要表达的意思
表达得彻底完整
没有一棵棕榈树在风中
那么精确地抚摸到楼层
森林，森林，沸腾就那么多
五千五百大卡，不能少，不能多
结果，破碎，破碎，粉末有水抑制
道路遥远，困难重重
也必须在那个刻度之上
让云彩能唱出自己的歌
让风呼啸出自己的旋律

旋转，旋转，旋转
画架旋转，皮带旋转，一直在旋转
就五千五百大卡，稳稳的
每一个人都是征服者
每一个人都是雕刻者
每一个人都是工程师
就五千五百大卡，火车轰鸣
万吨列轰鸣，两万吨列、三万吨列轰鸣
远去的时候，到哪里都是五千五百大卡

我给你的，你要相信
我得到了的，我从来不怀疑

5. 在风里挥手

再见，写下这片风景
我的心是多么激烈地扑扑跳动
再见，写下这片风景，我看见洗煤厂
集装站都被霞光照着
一些声音仿佛都由我来命名
我知道他们有遥远的道路
要去更远的地方
要送去璀璨，辉煌
日子，夜，有名字没名字的时刻
荧屏闪动，声音激动人心
去更远的地方，让世界动力澎湃
历史，生长，丛林

丛林变得更加稠密
人类更加随心所欲
人类温馨而又友好
不再喊杀着又去敲骨吸髓
哦，送出去的动力澎湃
到处机械轰鸣
在该停下的地方一定停下
在该写出名字的地方再深的夜都有光芒
气味侵染心灵
这一刻，写下这片风景
在风里，我不得不挥挥手
送走这一车又一车古老生活留下的馈赠
这一天又一天，最后一刻
向一切道别，道一声珍重
千万里征途，五千五百大卡
洗过的黑煤，挖掘出的黑煤
配备好的黑煤
标志着又一天，又一个地方
又一种动力成为无限
生活必须有一些新的命名
黑煤，配煤，不光是煤
金苹果、香椿树
霓虹灯、灯下的火花
几乎就成了我们能够看见的
我能看见，你也能看见……

第七篇章

醒在矿区，醒，就睁开眼睛，不光是你的心醒来，天地，星体，眼前的印泥、墨汁，笔，醒来，醒来就好。有一些印记是符号、文字，或者变成声音，路漫漫，能辨析出来的一切都像在梦里，醒来。

1. 一睁眼

一睁眼，看见的就是矿区
现在，钢铁、水泥、汽车声交织
早晨、晚上，生活的韵律随着光阴铺开
当年，这里不见人影，沙漠之地
沙漠之侧，沙漠有水的地方
乌兰木伦河多少年都在流淌
即便丰水季水声咆哮，也没有人能够听见
现在，橡胶坝，拦住了一湖的碧蓝
橡胶坝，悬挂出迸溅的瀑布
不相信这真的是矿区
这真的是矿区！一睁眼就能看见
当然，必须真的有发现的眼睛
晨光已经弥漫到了各个地方
霞彩在太阳没出来之前就露出了容颜
脚手架、大吊车，剪影非常清晰
到处都像有工地
到处都像是挖矿挖出来的繁荣
这一切也不能否定

原来连小乡村都不是，现在已成为城市
原来不见人影，现在到处都是人
一睁眼，矿区繁华
春天的时候会误以为遍地花草
遍地树，遍地绿
遍地布满梦一般的江南
这不是江南，是大北方，大西北
风沙随时会弥漫
治沙的树在矿区复垦的地方超越今古
矿区复垦，那么多的绿，花朵开放
哪一朵花不是颜如玉
哪一朵花不再在书本中
在治沙森林一样的封面上
一睁眼，就能够看见
乌雀从这一枝飞到另一枝
啼鸣，是早晨最能够点睛的一笔
让耳朵幸福地怀孕
仿佛回到原生态生活
——生活，在开拓中呈现又一种模样
一睁眼，看到的一切卓尔不群

2.矿区交织着机械

必须承认，这就是矿区
虽然看不到井口，看不到矿井
矿井在地底的深处，给大地只留一个洞

一个洞挖进去，下面才是矿
能够看到的大地不过是生活
穿梭，有一些车辆仿佛穿过麦田的丝绸
木格子是自己开创的一个新的境界
在自己的国度，开创自己的事业
付出什么都在所不惜
不用改口，是真的
矿区看似平凡，什么都有
好像离辉煌十万八千里
但一切都在这里延续，都能够看见
只有深处，机械一天天轰鸣
从井口深入，就知道地底
原来有那么恢宏的钢铁长城
那么多钢架勃起雄壮构图
包容大地上的一切
机械，有了的时候必须珍惜
就这么用吧，使劲地用
让它在生活的血脉里澎湃
一天天生产着碰撞的思想

3. 远看那些沟壑

一层一层的，八点十分的时候
背光，折射，一层一层的
折叠所有承受的别离或抵达

在哪里都不可能玩世不恭
在哪里，沟壑一队列一队列影子起伏
一棵草被风吹，仿佛歪斜了一下身体
又一阵风吹，扶起生活的剪影

注定，这里不再寂寞
来的人都是亲人，来的人都会成为亲人
开拓的世界，真实中号车穿越
脚步声真实，谁都应该清楚
那么拥护开拓，执着开拓
那么多戴着安全帽铺展的路段
花朵一穿越沟壑就有了更多的活力
厨房里散发锅碗瓢盆交响曲
生活就有了更多的气息
身后是沟壑，身前是沟壑
有了不一样的声音重现
有那么一段时间就够了
顺着沟壑远远看去就有矿井口
是的，矿井，在这大沙漠
一层一层的沟壑开了一个口子
生活就扯出了另一条道路

4. 煤的路

被挖，好像是命运
一辈子都在挖掘，也是命运

一睁眼就看见，那些矿工

从少先队员举手的誓言里留下了种子

分裂的内心
什么时候都有被整合后的不屈服

来自内心的诗意没有飞走
所以，在沟壑上坐一会儿看不见敬亭山
那冰，下面跳跃的不是鱼
所以，孤舟蓑立翁依然淡泊
大雪纷纷，大雪纷纷，门泊东吴
看不见万里船
所以，只有矿井一天天张着口
吞吐，吞吐，从来不能熄灭歌唱

煤的路，钢铁的手臂，机械的开拓
使人的身体延伸，煤的路
垂直不过八百米，向地下垂去
煤的路，延伸，一走千万里
从地核到地壳，天空博大
云朵也一路歌唱
一路用综采机的剪影，别无选择
往更远的地方，用自己的耳朵倾听
这世界，轰隆隆轰隆隆从地底开出新的天

5. 不是符号

投入炉膛的时候，火焰真的燃烧了

火焰，真实，闪烁，明亮
火焰，呼啦啦有了声响
让我醒悟
神圣，就是在剥离中投入炉膛
神圣，就是在奔赴中投入炉膛
神圣，就是在义无反顾中投入炉膛
燃烧吧，火焰
一阵年轻的风吹着
像翻越时间的瀑布
像翻越植物、动物、山、海、石头、海藻
翻越，不停止
火焰，红色，红得晃眼
你不曾见过，我不曾见过
这是不可能的
就在炉膛
我看到煤，燃烧的火焰
让一切都起飞
动力，所有中国人都喊出了澎湃
黑皮肤、黄皮肤都喊出了澎湃
动力，去往另一个地方
谁都不能不承认这是可持续的接力
动力，多么稳定，灼热
黄铜的弹壳严密交织
坚硬的铁丝网严密交织
炮火，炮火上方的烟云

轻薄的翼飘着……

在火焰中，能看见

无须寂静，只有生活

无须深沉，必须寂静

拥有过，一直拥有

一直如此踏实……

黑孩子的前世今生

第一章 埋没，黑里面的孕育

一

是一个故事，一页页的石头
开始孕育着雏形
是植物，植物的残骸
灵魂开始变得有一点模样
沼泽，湖泊，微生物分解
泥炭形成的脸，有点松软
坚硬的部分是鼻梁，嘴——
有嘴不一定非要发出自己的声音
形成一页页的岩石
一页页仿佛有刀子在切割
切出来，随着埋没的深度增加
温度、力度，强有力的纪元
一页页不能改变
像导师塑造的学生不能改变

像重新开始到结束沿着一个途径不能改变
有人总结出泥炭，褐煤，烟煤，无烟煤
越来越长越来越长是那张脸
黑孩子孕育了雏形，就是石头

二

一层层剥开，那么多的光斑
堆积，点，一个一个的点，闪烁
像显微镜下的微分子图
结构都相似，切开，一层一层切开
切面，纤维图样都呈现出蜂窝状
紧密地联系在一起
仿佛有一些眼神是相互鼓励
要诞生，必须诞生
任镐子、锤子、钢的锋刃切开
清淡或者艳丽都是黑的
黑有力量，炭化的程度像皮肤
在地层里越来越坚硬
风不能够撕开心里面的脆弱
来源于更古老的年代
死亡的植物形成泥炭
煤炭变化成褐煤
烟煤在挤压下形成无烟煤层
最后一看就是一张娃娃脸
一个错生的年代
一个错生颜色的神童

神呐，好像什么时候
都没有说出自己的心声
三
一块块累积，累积在一起
形成一个年轮
石炭，二叠纪加在一起
多么优秀的时空隧道
一百万年、二百五十万年前或者三百万年前
哦，基因，陆生孢子植物、鳞木
封印木、芦木和少数裸子植物
一块一块垒在一起
石炭纪和二叠纪垒在一起
南方和北方垒在一起
千里之遥不过是一瞬
是个体，一个巨大的中间带的体
裸子植物，银杏类、苏铁类、松柏类
侏罗纪的肉身垒在一起
多么坚韧，睡眠中仿佛有呼噜声
让人类的眼睛看到光芒
是黑金在闪耀
生死置之度外，人类用自己的身躯冲了进来
好像有一个新大陆
枪炮、硝烟、炸弹、挖掘机、钢铁轰鸣的时代
他们真的都来了，看见这么大的孩子
每一个地方都是宝贝可以开掘

肌肉动一下，世界温暖且祥和

四

一个纬度的夏天
整个下午，夏天的风都在吹着
绘图员在沙地上爬着
铅笔又渴又热将整个地域放大，放大
一头从早晨就扎进了黄昏
他用简单的笔，把一个影子描画了出来
多么好的孩子，多么好
古生代石炭纪，新生代第三纪，大型爬行动物
哺乳动物，裸子植物，多么好
枫树、白桦树、松树的祖先
两千三百万年，六千五百万年
深沉的一个集合体多么有力量
夏天，风一吹就在地图上
用放大镜把每一个地方放大
在亚洲，在中国，在山西
在澳大利亚，在美国，在俄罗斯
在坐标的每个点上，是人类的孩子
所有的黑色毛发都竖了起来
一根一根针把日子扎得千疮百孔
而碳氢氧氮和有机硫，在裂变
分裂的孩子像透明的釉
封存在琥珀的风景中
整个下午，趴在地上的人

用心在沉默中核实了很多的细节
一直穿梭到鄂尔多斯地下神秘的钢铁长城
穿过去了，迎接那黑孩子

五

冬雪中歌唱舌头是有力量的
唱出来的黑暗如诗意一般柔软
山坡上攀登的脚踩着炭层
一层一层有温度，有压力
埋葬的时间不在一个点上
每一个点，变质的程度不同
三个台阶，褐煤、烟煤、无烟煤
每一个坑就是上天堂的梯子
黑孩子就眨着眼睛，只有自己歌唱
空气中荡漾着燃烧的声音
浓烟不必描绘，长焰煤气煤肥煤
焦煤瘦煤贫煤，所有的能量结合起来
让整个大地动起来，澎湃的动力
黑孩子的脚印踩到了每一个地方
每一个地方冬雪就融化
只有歌声一浪一浪谁也不能卷走

第二章 长大，突破的额头一直有光芒

一

饥饿的胃刮起了道德之风

与之对称的是一条一条巷道
悠远、深邃又安静

太阳就在心中，太阳是用镐挖出来的
挖出黑孩子，举着手等待餐饮
似乎所有的饥饿都像是谣言

直到风从地底钻出来，有尊严的面孔
穿过梯田，穿过树的年轮，讲述自己的年华
讲述所有的植物都死在这里
埋在这里，孕育在这里

又一个复活分解，烟，黑色的魂魄都要劫走
举着的手，饥饿、呼喊、嘴唇是多么有力量

内在的光，灯泡的光晕，环绕着一个一个人
环绕着一双一双阅读的眼睛
卷曲于苍白的组织中

接受灵魂的洗礼，回家的路上
仿佛有几只苍蝇在唱自己的歌
领取新一天吉祥
旋律一直弥漫，从来不停
二
寻找妈妈，记忆复活了

在星期天，在星期一，在星期五
歌手复活，黑孩子成了歌手，到处寻找

像一个苹果，被刀切开的皮肤有点疼痛
生活的气味开始弥漫，黑孩子有了男人气
男人闻到妈妈的味道，闻到细雨吹打着树木
闻得到雷电击打着竖煤层、平煤层

黑孩子在自己的路上坐了一会儿，雨水就洗他的眼眸
那么黑那么黑的眼眸，照耀这个世界就是火焰

轰鸣着就有能量，再轰鸣着就是七彩的世界
黑孩子用自己的声音给大地唱出了七彩的歌

而星期八,一个梦，机器神圣地沉默
钢铁的机器在地底，在埋没中被埋没
在开掘中被开掘

伟大的建筑，伟大的庇护，用科技的力量哼唱着赞美诗
这值得赞美的世界，这一台用旧了的机器一直轰鸣

寻找血脉中的妈妈
寻找生活里不能忽视的风
三
脑洞就是个穴，好深啊

那老的房间，无数的人
从早晨就坐着猴车或者开着汽车沉默地进来

大地的子宫，轰隆隆的声音容得下所有钢铁
半透光的墙壁，光照着
通风的队伍，风也通着
防水的力量，水淋着

喘息、关节炎、气候、咳嗽、尘肺病
仿佛和人握上了手，但人若即若离

科技“嘭”一下就冲了出来，掌驭乌金巨浪
寻找妈妈之后，再也不会呻吟
学会了坚强，用自己的脊梁闪着光

伟大的身体剧烈地抖动，又坚强地向森林里走去
在地下，沿着悬崖峭壁听一天天的蛙鸣

再不是井底之蛙，而是钢铁挖出又一个世界
再老的洞，也不过是个巢穴

四

门打开了，尘世之苦，在于有门
下到地底的门，上到地上的门

黄沙的号角在吹，冲锋的号角在吹

无人冲锋，继续用长长的臂挡住白天和黑夜

镀银的镜子没有照见一个个闪烁光芒的眼睛
只反射花儿在黑洞里无限绽放

皮肤中颜料一般充满着节奏
前臂、后臂，前腿、后腿
在运动中放射出不能阻挡的光芒

秘密在心中，黑孩子在自己的世界开辟燃烧的疆场
没有别人替他发出尖叫，生出了无数的故事

一些情节，一直到周日晚餐
桌子上一杯酒，迸出婚礼的尖叫
人类在迎接更多的婚礼
生育、繁殖、幸福，黑孩子用伟大的襟怀
让一切在所有的地方通电之后
通体透明地唱着歌

第三章 朋友之多，积善世界上的灿烂

一

太阳在墙角也能够有它的光，它的能量聚集起来堆到屋顶
风吹，敞亮，一些影子浓缩成铁铲的声音

像从地底挖出了黑孩子的咳嗽和火光
玻璃反射出来，是人类的心情重重地击打着世界的底色

灯下，碧绿的书翻给你看，太阳能的书，低碳闪现
风吹着声音，谈《山海经》，山海无限，山海就在心里

太阳照着，心不在焉，或心在焉，把书翻过来
继续读，纯净的绿色，一片大地
与黑孩子的眼瞳相互补充

给这光，给这世界，给阳台下的营房
给高楼写字处的闪烁
给回家的人背包后面以期待和问候
给厨房里切姜的母亲以照耀
亚麻布睡裙被风吹出了一个角
这太阳的光照着，和黑孩子眼瞳相互补充

人类的骨骼这时候巍峨高大
有一些影子不能忽视，必须重视

像灯丝灯泡在得意中把所有的地方都照得无限亮堂
无限，停落在上一个年度的枝头
无限，停落在上一个世纪的墙角

而陶醉的人，早已离开了蜡烛

萤火虫似的蜡烛，走了
太阳的光和黑孩子的眼瞳真的相互补充
二
水光，水光灿烂，水花从上到下在寻找落差
黑孩子已看见那落差越大，那光照耀出来就越多越远

一条街道，从诞生到死亡到相见到不相见
都有无数的消息在《山海经》的纸声里抖动、合上、展开

巨大的水花，是人类最美的花，那些转子
右转，再转，转得越久，能量越强大
用手势指挥着整个天下
用坚韧的耐心，独特的耐心，让花朵一直灿烂

水花，让黑孩子的眼睛瞳孔更加清晰
在地底一直挖掘着的镐没有停止
轰隆隆的机械也在一刀一刀向前推进

水花，没有停止，永恒，永动，一直在动
所有的声音里都有法律一样深入人心的声音
给生活以光明，给世界以灿烂
给天下以动力和澎湃

三个月澎湃，九个月澎湃，十二个月澎湃
一年澎湃，十二年澎湃，多少个轮回

守住所有的底线
所有的夜晚都要明亮起来，所有的道路都很清晰

明晚，大家都到水花里唱歌
落差，巨大的落差，水轮机澎湃着这个天下
让黑孩子心动、欣慰，为着这幸福的人间
三
风从东边吹来，吹得多远多好
再远一点，人类修筑的墙壁竖得再高
或者钢筋混凝土的建筑垒得再高，一切都挡不住

只要有缝就钻过去，只要有叶轮旋转
只要有不断的、连续的旋转，动力
闪着光，所有的房子都咯咯作响
咯咯的森林、海洋，父亲一样的大爱深邃

每一个远方，每一个地方
每一个竖起来的风轮，钢铁龙门架消耗掉一片阴凉
还给大地更多的阴凉

风在旋转，风是多么有力量
从身体里抽出来整个力量
不断地说话，持续地向世界表明
光明永在，什么时候都不要失去信心

星星散去的时候，光明在
星星闪烁的时候，光明在
所有在角落里飞行的家伙都不是同伙
所有在光明里穿行的都是朋友

这么多景色，这么灿烂，不要怕
几只乌鸦在风里面飞过来
风一如既往用他的力量让轮子旋转起来
让所有静默的都能有一点声音
让所有静止的都有动的阴影

不是白操心，每一次旋转都有无限的钞票在飞舞
你看那蓝天下，风机，一转一转的
有多少钞票在旋转，人民的钞票不是挂在嘴上
空气中闪烁着微尘、围墙、楼梯和房子的光
都是从风轮里转出来的

那黑孩子看见了，他的头脑清醒
他的刀叶一片片长出更多的力
从来不说出自己心底被冷落的可能

后来，退出来，他用心祝福这风
吹得更远一点，吹到任意的地方

有刺的花，花间的刺，一直绽放

该说出来的黑孩子不说

因为没有秘密，所以不是秘密
因为一直保密，所以沉默无语

直到最后一个月最后一天，统计清点的数据
在纸上闪烁、上升、变换，清光更多，天下更大

四

储起来，储能，一块小石头压缩了多少的光明
弄出了多少的日月，扑在纸上的人，扑进黄昏、夜色

笔下开花，笔尖用镰刀的形状，锯齿的形状
扛着梯子的影子，往更远处走去

黑孩子在帐篷里看见了那么多
储存得太久，太神秘，在枝头隐隐现现
直到暮色湮没一片又一片的土地

黑孩子站着，他知道储存起来
骏马可以在酣睡中进入又一个年度的梦
一年一度的梦，赛马日，马还是从马群里冲了出来

当正极和负极连接，一些声音喊出来
不仅仅是唤醒世界的声音
所有的人都跟着张开了嘴巴

啊，霹雳，天下，音乐，舞蹈，观光
斑斑点点在街区，在梦的巷道里

黑孩子欣慰地低语，让他们去闪烁
该有我的时候，我在
该上场的时候，我必须上场
什么时候都是这世界光明的后盾

天大的事情就是在一个角落里
甚至在被埋没得更深的洞穴里
甚至在多少吨 TNT 也爆炸不出来的板结里

给生活以春风的准备，春天到处都灿烂
储能储备一切，黑孩子在地下长出来光
《现代汉语词典》就增加了更多的页码

让所有的人去翻吧
黑孩子看到了储能的前景

第四章　过了山路就是坦途

一

金色之路，黑孩子的脚尖踩着石头
踩着沙，踩着铁轨走过去了

过了山路就是坦途，那么远，那么有力量

给每一个平民的书信都用黑色的笔
写着鹅卵石一样的文字
光芒照耀着，照耀着
黑孩子将用自己的燃烧发出光芒

黑孩子光芒闪耀，一列列火车迎风呼啸
黑孩子光芒闪耀，一艘艘轮船拉响汽笛
黑孩子光芒闪耀，翻斗机房烟雾被喷水有效地压了下去

习惯于用优雅的姿势来倾听的人类
换一个方式用远望的视角看见黑孩子

黑孩子奔驰在金色之路上
鼓动在生活大道上的动力一直强劲
比如，汽车燃烧的油可以是黑孩子的生命化成了汩汩的流淌
比如，黑夜闪烁的灯是黑孩子燃烧之后化成电走向千家万户

虹霓是在每一个人眼睛里的
这大地，黑夜可以亮如白昼
这大地，白昼也可以在黑孩子的胸膛翻转成黑夜

变换，昆虫的复眼在树丛里一睁开
就看见被称颂的生活一直向前方奔去

遇见了山，开山
遇见了水，架桥
遇见了石头，开路
遇见了冬天，雪花是那么恣肆地飘
遇见了春天，所有的花朵都开放得灿烂
遇见了夏天，绿荫里多少人学着蝉鸣
而秋天，金色之路——
黑孩子在火车上像是旅行，感受丰收的喜悦

全世界都下雨的时候
黑孩子用自己的姿势唱歌，天真烂漫

呵，从地底走出来一次次抵达薄暮
呵，从地底跳出来一次次欣喜于远方的发现

黑孩子走了一个世纪还有无数个世纪
谁能够确定，他会自己一转身把影子留下来
拍拍屁股就真的消失……

二

庞大的机器始终有自己的灵魂，右转
习惯于用手指在遥控器上按动

像按动琴键，音符在飘
生活，小心或不小心的日子连续

潜伏下去，像潜水一样，又露出头
换一口气，多么好

更多的机器在轰鸣，黑孩子在机器声中舞蹈
脚尖踮着脚尖，划过中产阶级的碗沿
哦，声音多么美妙

从中国的内蒙古开始，从陕西开始，从新疆开始
前三甲的黑孩子蹦蹦跳跳用自己的脚尖
给生活谱写欢乐之歌

偶尔有十分之一个读书人在窗下抬抬头
看见一列列火车上运载着百分之一百的黑孩子

他们唱歌，呼啦一下，汽笛长鸣
使世界灵魂震颤大地震颤山峰一个洞
一瞬间就穿越过去

十分之一个读书人手上捏着一块刚刚削好皮的苹果
他用牙咬了一块，咽了下去
呵，多么甜美

这个时候不在乎黑孩子
去了南方还是北方

三

沙漠之绿，鬼不生蛋的沙漠
荒无人烟的沙漠，就别指望有草被风吹动

草的秩序是在人的脚下或者在人的手上
人，天地万物之灵，如果没有人
或者把人都赶走了，世界只能是荒凉
没有人的地方是万古洪荒

沙上有草！

因为黑孩子那么多人来了
因为黑孩子那么多房子建起来了
因为黑孩子那么多的钢架林立起来，烟囱冒出了烟
草应运而生

所谓原生态，是因为黑孩子招来了那么多的人
是因为人让这大地披上了新绿

沙漠之绿，所有的眼睛都可以变得大一点
再大一点，用自己的真心歌唱
歌唱美好的今天和明天，用灵魂的回应
用灵魂的石头去撞碎每一个为了迎合的谎言
早晨八点钟的谎言和深夜零点的谎言是一样的
把所有的谎言都撞碎！

因为人来了，黑孩子招来了那么多的人
沙漠之绿才一年年扩大、扩大、扩大

栈桥上，那些牵手的人，集体的婚礼
矿工的婚礼多么喜庆
正因为有了这些，沙漠之绿才不断地延伸

为了年年岁岁让世界更加繁华
不要躲在利欲熏心的大厦里走不出一道门
不要违心地为原生态唱虚假的赞歌

为这沙漠之绿，为黑孩子睁开的眼睛眨一下
看这美好人间，说一句真话
沙漠之绿，波浪一样，不断地推开

四

燃烧之火，寒冷在蔓延
这冬天，零下四十度
这极寒，零下五十度
身份不明的人在纸上，在火焰的旁边

黑孩子用自身的能量让纸上的人有了名字、影子
决心大干一场，黑孩子使劲用戴着的戒指
黑乎乎的手往天空中爬
用鼻子嗅着这世界胸口传过来的寒冷

下巴抖动十字架，英特纳雄耐尔的餐厅
仿佛吐着热气

在白雪的映衬下，黑孩子闪着黑色的光芒
他用自己的血疾驰、迸射

从一列列火车皮里蹦跳出来
从一道道打开的门槛横跨过来
从一挑挑竹编的箩筐里奔涌出来
呼啦啦，黑孩子集合
他们用自己燃烧的身躯为世界带来温暖

极寒，燃烧之火，挥着皮鞭的人们
或者挥着铁镐的人们
把骄傲的身体撅到天上去
一天天都在和黑孩子交流
黑孩子不负人间，发出同类的声音
火焰呼啦啦燃烧燃烧，一直燃烧……

勘探

勘探过这山之后
就坐到那个山上

喘口气
一瓶水、一支烟、一块石头
坐成雕塑，不说话

几个同来的人都坐着
血液澎湃着
直到这地下煤海
起伏的浪
涌出了一点涛声

声大声小，有笑有哭
有破碎的日子被篡改
义无反顾

这山就这样了

那山也就那样了
就坐着，勘探之后
一定有一些破碎的事物
真的就要来了

露天矿

巨大的矿坑不是一句话砸出来的
是挖出来的，从铁锹、铁镐开始
一个炸药让天地之间开出巨大尘土的花朵

尘土在飞，闭目的人睁开眼睛
看见人类的两行脚印走得很远
远山苍茫，远山移动
溅出让心灵疼痛的喊声

在路上奔突的
现在，只有来来往往的车辆

巨大的坑，走了九十九遍
走出九万九千九百九十吨的承诺

巨大的坑，煤浪汹涌

每一天都有人搏击潮头

不远处的羊圈
恰在此时诞生三只羔羊

如果矿车慢一点

不，不能放下奔跑似的速度
皮带在滚动，二十四小时滚动
没有人能够阻止

刀刃已经明亮，刀刃向下
向着煤的深处
一齿轮的切割不用算得太清楚

煤壁在移动
砸地有声的晨露在移动
灯火依然阑珊，那么多人
就着晶莹的反光
看见多么远古时候的茹毛饮血

不，矿车不能慢
必须加快速度向前
切开大地沉寂千万年的滚烫
切开梦想扯开嗓子的嘹亮

切开春风秋风吹拂的陡峭
那么多的煤
稳稳地躺下来，运走
灿烂一些报纸光线照过去的封面

如果矿车慢下来
交班会上的指令就容易落空
不，不会慢，天地之间
一声令下，从来没有懈怠过

摇晃

千万吨矿井，只有一棵草摇晃
千万吨矿井，只看见一棵草摇晃
只看见一个帐篷，这是真的

晃着，晃着，排土场上的草
齐刷刷举起了手
有一棵草就有无数棵草，矿坑
每一天都对着天空喊话

排土场，绿水青山就是金山银山
一山更比一山高
这么多的草被风扶植
一眨眼就露出马背上的笑

这是高原上的马背，这是马背上的草
这么多的草，老矿工的心里痒酥酥的

一眨眼，一丛丛草又长上来了

一丛丛草摇晃
再小的草，煤炭被开采之后
每一天都学着茂盛

三十八个人

那一年，他们来到大沙漠
伸出自己的手，第一次与大地彼此问候

终于，他们挖开了一个洞
经过咽喉要道，那么多奔出来的胜利
带着从地底开掘的光明

神话、传奇和预言
像被一台台机器切割后的潮流
向世界讲述深层次存在的乌金

三十八个人，后来成为三十八个兵团
被称为“三十八军”
披沙拣金，开出又一个疆域

煤山上的钟声

钟声穿过早晨，一点潮湿的风吹拂
醒来的人竖着耳朵就能听见

击穿百年孤独
百年沉寂终于有了响当当的光明回荡
所有生活的盲点都开始沸腾

倾斜的早晨或者晚上被一声一声修补
像云端的流水那么清澈
像草地的百灵那么悦耳
有瓷器轻轻接触吐出高原的童谣
一下子让浑身滚烫
再往前一点，整个煤山露出雏形

钟声朝各个方向走去，不带拐弯
和每一个遇见的人打招呼
也和生死与共的故友道别

落日从来没有疲惫

在露天矿场，一粒煤就是一个山峰
矿工攀过去，采煤的吊斗铲
那么嵯峨、有力量
缓慢一点，那些奔赴的身影
摩肩接踵，前赴后继

锡林浩特的露天矿场
就是疆场，那么辽阔
落日张着脸，仿佛和大地交谈
矿工一挥手，就让落日眨一次眼睛
被挖出的矿坑
用浪的形态拥抱天下
那些仰望的眼睛，日日夜夜
和山峰一样庄严

吊斗铲没有停过，采掘的手没有停过
采掘的心一直跳动

与几万年前的生活对视
一箪食一瓢饮，就在地上采走
落日，深情的目光看着眼前的一切

右手的锡林浩特

显然是矿坑，我认得清楚
一粒煤挨着一粒煤
取暖的影子抱着团
一座矿挨着一座矿
采掘的手从不停歇

钻石取火，净手取食
那些憨厚的矿工，智慧的矿工不说话
用机器与世界交谈
当地的方言都可以省去
不用竖着耳朵就能听到洪亮的方法

走路，一步一个坑
一吊斗铲一吊斗铲
一个坑，闪光得一伸手就能够捧住星月
用铲子丈量光的刻度
用无人驾驶的煤车送来希望
用毛巾擦一下汗

天边边禾苗真的茁壮

今日，右手的锡林浩特
那么大
波浪，一挺胸就能够抱走

被一种神秘的召唤牵引

它们都聚集在一起，一锹下去
碎了的黑夜，闪出粼粼波光
仿佛打开更多有眼睛的窗户

能够认出，哪是矿渣，哪是矿石
哪是矿的粉末，炉壁静默已经在等着
炉膛通红已经在呼喊着
它们都待宰似的挤在一起

冬天的冰雪盖不住它们
它们好像随着太阳挤眉弄眼
它们一无所知，挨在一起
手拉着手，眼对着眼
直至面面相觑，直至呼吸在一起
好梦，从来不愿意醒来

被一种神秘的召唤牵引

它们即将被火车运走
跋涉千万里，它们也会被投进去
最后时刻，燃烧成灰烬

真正的矿

真正的矿
不会斜着身子滚下来
不会从天空往下简单陨落
不会伸手就能接住
真正的矿，转个弯到山巅一跺脚
就能感到刀刃和火焰的尾部
一样闪烁

真正的矿
不会自己斜着身子滚下来
到此地，无所求
或者平静如一块平凡的石头
或者多个棱角扎人又不引起人注意
一脚就能踢开

真正的矿
需要日夜不停地挖掘
就是那个样子，还是那个样子
时间给出不容置疑的答案

承认这是一种矿

承认这是一种矿，我转过身
在高原，接受吹过来的一切风
一块有个切面的矿，反着光

这当然是矿，是黑煤
给予人间挖出来的夜晚色彩
这是真的矿，奇妙地一敲
就有石头一样的声音从土里迸出来
从寂静里分离出来
和这不协调的世界一起喧嚣
和人的拳头一起喧嚣

镐和铁锹还在和它碰触
所有较量的结果都是破碎
十万粒矿石随处滚动

我到哪里都承认它是矿
有金子般的光芒深入心底

石头堆上

石头堆上
我们跟随的目光清澈
泰山一般有着重量

这么多年
我们用手挖掘出来石头
我们挖掘黑暗，挖出了光明
我们挖掘寂静，挖出了破碎

夏天一直有人浪在翻滚
冬天一直有寒冷在咆哮
石头堆上
一点点星光终于被我们看见

那么多矿石依偎在一起
不吭一声就被皮带运走
车轮滚滚，大地上沉默的献身
就是义无反顾抵达火焰的炉膛

矿工

他们那么整齐
把采煤的轰鸣从地底挖掘出来

他们那么专注
用闪电的焊枪把生活的璀璨
焊接到辽阔的高原上

井上物语

一大片风滚草长成了树林
一大片老房子长成了更多的树林

现在，变化多快呀
各种各样的方言都移民走了
只有风，吼着老旧的声音
让沙漠换了新颜

不远处的井口有人进进出出
人到井底，风在井口
这进进出出的世界，一天天重复

那些人沉默不语
对黑夜与白昼，枯黄与深黑
了如指掌
坐井观天，或聆听机器轰鸣
喊一声，声音在整个巷道回荡

这时间走得多快呀，放快的脚步
就是为了走得慢一点
从 36127 工作面，转个弯
到另一个点，一走就是一生一世

就这样，一生一世
出井口即是出远门
为了下一次，早一点回来

在地下构筑煤炭的宫殿

在地下构筑煤炭的宫殿，分分秒秒都在
信仰和信念都在，不用搬山填海地吆喝
就用机器的手、齿轮、刀子，一天天切割

大地疼痛没有人看见
心的疼痛，一阵阵引起眼睛抽搐
眼睛，越来越明亮，被井底的光芒
刷了三百六十五日又三百六十五日
还有什么不能够明辨秋毫

往深处，悲伤和快乐都不再有色彩
挖掘得越深，跳动的文字
是阴刻还是阳刻，不会被人注意
用手轻轻一摸
呼啦一下，再久远的履痕
在皮带上被轻快地运走

这样的时光，不用发出自己的声音

就在地底撑起一个又一个廊柱
撑起这浩大的隐蔽工程

用钢铁浇筑的梦，一眨眼就能看到彩绘
是的，我每天都看到
这千古以来人类向往不已的辉煌

他来到三矿

他来的时候弓着腰
他寻找过去辛苦的劳动

他走过，对着一棵树喊：“还是那个样子。”
他好像心里一直装着矿铲
咕咚咕咚的声音，像脚步走过天空
保持着一定的速度
他往前，年轻时一样矫健
走两步，他把背影留在蔚蓝的天空

他还在找，找到了一些影子
他就激动得像个孩子
他看到了一堵墙，白白的背景
他的手模仿出当年挖掘的姿势

这是三矿，接近废弃的井口
他走过去，又走了回来
半天没有吐出
结了冰的喊声

这堵墙下

就像安源矿那块冰冷的墙
一直竖着
转过去再转回来
不仅仅是一个人不断地回头
从时光里抽出了寂寞的身影

这是曾经热火朝天的矿
曾经的烟火气一直在升腾
现在，就这堵墙
稳固、高大，反射着月光
也反射着矿车驶过去卷起的尘土
睁开的眼睛，不需要用手指出什么
随便就看见
一些锈了的铁锹、钢钎
还有积水的路

像鸟儿收拢翅膀

这个时候，这堵墙下
走一走，一些洪荒在眼睛里
溢出来

煤海有波浪

跟着旋律走，或在浪峰，或在浪谷
肩背，手抬，都是过往
皮带呼隆隆呼隆隆带走一些锋芒
又带回来破碎的尘土

一些照片还在，新的照片
又放在回头的路上
重叠的声音，一浪盖过一浪
一些臂膀和人的背影跟着旋律起伏
或在浪峰，或在浪谷

那些逐浪的人
挖过这座山就去挖另一座山了

通风机房的冰

不知脆弱为何物那块冰要除掉
扫帚是从时间里横过来的
铁锹、铲子，明晃晃
仿佛带着昨天的阳光
今天就得下手了，不能再等
气温再低，通风机房的气温不能再低
有一块冰，不会是博格达的积雪
或者喜马拉雅的玻璃，必须除掉
就伸出手
就用加长的手背直接铲到命运中
命运如此宏阔，信念如此坚定
就铲过去了
苍茫时分，世间终于渐渐地明白
一块冰，不知今夕何夕

挖一个矿

挖一个矿，就是不信
挖不到沉积千万年的石头
我就是我，不一样的烟火
说出来又有什么会对自己进行折磨

别说千丝万缕，别说反复或疑惑
一根筋千真万确
保持泰山崩于前而坚韧不拔
此刻，必须有绝对的从容不迫

这世界，挖一堆土，挖一柱烟
大地缭缭绕绕，安安稳稳
向着远方，有什么值得犹豫不决！

从无到有，再到有
就挖出心中一直不放弃的追逐
不寂寞，不等待，有力量
我来了，挖一个矿
用笔墨勾勒这生命挖掘的执着

挖下去

用不可遏制的速度，挖下去
像火箭弹，向前，一直向前
不留任何尾巴
就向前，挖出来了，由黑暗到光明
从昨天到今天，所有的爱、伤害、粉碎
挖掘，一镐又一镐的火星撕裂大地
已经累得不像样子
只有烟火，氨气、氮气、氧气到处弥漫
逐渐增加的空虚变得真实
有力量的，是我们被月光照亮的手臂
一镐又一镐继续挖下去
挖碎，不会重复的一日又一日

出井

坐着汽车往外走，我知道
这是在与地下的黑夜分离

从低处向高处，忽远忽近
所到之处，看到的都是光
有光的照耀到哪里都不会迷路

再往外，扭头不扭头
车的声音都很平静，偶有起伏
高声或低声和光线切换着角度

往前冲，巷道悠长
再往前，正在分离的事物
一会儿就会抵达洞口

一切已经大白于天下，从地下归来
依然看见天和地都还是那样子，很亲切

亿吨矿区的灯

不用睁开眼睛，就知道在什么地方
远一点，再远一点，还知道
一粒粒火的样子，那么温暖

夜再黑都没有关系，只要有影子晃
就理解世界很友好
一点点的动静被风吹着
丝绸一样的日子很光滑

一些流沙的声音在晃动
甚至撞击到了瓶子
晃动的，还有亿吨矿区的树
还有一些人，一些步履，一些头脑

那隐隐约约的光谁也不能剿灭
能看见一列列火车喘着气拖走更长的黑夜
那盏灯一直亮着
仿佛有锤击的声音
锤碎一天又一天到来的黑夜

埋了煤的雪还是白的

埋了煤的雪还是白的
白得和天连在一起
和那些穿白衣服的人连在一起

天地茫茫，谁都知道雪下面的黑煤埋葬着火焰
埋葬着没有被挖掘出来的
衰老、年轻、暴躁、平和、仇恨、情爱
突然想起被蹂躏的从前
所有的呐喊都是听不到了
只有燃烧的火焰在投进炉膛后噼啪作响

一寸一寸的光阴那么白
那么白在天地间茫然失措
那场大雪仿佛从史前期就开始下
一直下到现在眼前发黑
一直下到醒来后地老天荒
那场大雪那么白，让一切大白于天下

一个人站了很久，看了很久
迈出踩着雪的脚步异常坚定
人的足迹是白的
后来的人也看见失了色的天空
在不曾生锈的心尖随风吹动
直到看清埋了煤的雪还是白的

在井下

在井下，从没有感觉到
这是地下的一个世界
这井下，空洞，虫洞一样
往里走，n 次方，n 次元
摇晃、倾斜、往前，好像更深

哦，这一堆史前期的树木融在一起
埋藏得多久就有多少冬眠的火焰沉默
这一切，好像真的藏着什么！
藏得太深了！这世界我已经穿越过去
我轻轻拍拍自己的脑袋
我知道，不要用太大的劲来拍
用力过猛，任何时候头都会疼的

这是史前期的树木
一棵一棵，一堆一堆
山一样的坚石已经垒在一起
冲击、交割、纠结、融合、渗透

所有的分子相互穿插
被风吹过的生命死死地抱在一起

我知道，刚好一个齿轮下去
一些粉碎的东西扑朔迷离
向着光明的世界出发
无论什么时候都必须头也不回

我看见

别以为我已经下沉了八百米
倾斜或者垂直八百米
我以我的心态、以仰望的视角
看云朵的变幻，看天空
我的天空是黑的
我的天空布满了钢铁
我的天空铁丝网那么浓密
有一些水在渗透在滴
这下雨一样的天气
我穿着靴子的脚
踩出的声音与众不同
我的世界，我往前走
一直充满征服的能量
我征服，安静，简单，沉默
我甚至长久地不说话
我的声音在世界上不需要任何人听见
在这八百米之下
有光照着我就有英雄一样的胆子

有铁护着我就有铁一样的坚执
一个季节过去是另一个季节
一个班过去是另一个班
我不会也绝不改变什么
每天，我来过，我看见
时光匆匆，我也匆匆
我的同事们，都匆匆
来的时候就没有想着回去
回去的时候就想着再回来
我看见，这钢铁轰鸣的世界
这八百米之下如此神奇
静静地，我靠近又一个仪表
时间一样，分分秒秒的针指引的方向
是我用脚步走过的方向
我走过，我看见
我开掘的宫殿有着征服的纹理和咔嚓声
不舍昼夜

老矿工素描

皱纹显然是整个高原上的山河
高原上，他站着
仿佛在地球的高处让人类看见

他欢乐、坚韧、悲伤、一往无前
他站着，像鸟儿要展开翅膀
双臂要拥抱太阳
他站着，皮肤有铜一样的光泽
身姿在矿石中崛起
脊梁在山峰上起伏

他有点老了，开矿的第一把镐
是从他男子汉的手上摸得锃亮
他手上的血泡，让一座千万吨大矿轰鸣
他眼睛深邃，装着采矿的所有故事
他呼吸，像收藏了所有的黄昏
又呼啸着所有的朝阳
不是偶尔相逢，抬抬眼

用心就能看见
这世界他是有名字的，就叫——
老矿工

不用老花镜，他站立的角度很简单
他从来不想走到地球的舞台中央
被摄影师镜头对准
他用什么姿势都很不自然
他一辈子在采掘的时候最为平和
他采掘的梦，一张张蓝图被风吹着
呼啦啦有旗帜一样回响

他站在高原上，太阳在头顶
太阳离他不远，太阳之下
他身后逶迤的队伍
每一个人好像都熟悉
他始终一脸慈祥

不过砌了围墙

不过砌了围墙，到了里尔克的秋日
种上惠特曼的草叶和陶渊明的菊
种上周启垠的芭蕉
墙外的人，不让他们看到

不过砌了围墙，搬个凳子
坐一会儿，放倒躺椅
养会儿神，和星星明月
对眨一会儿眼睛
和春风秋雨掀一下帘子
不远处海的声音，那么纯粹

不过砌了围墙，一个清晨，一个黄昏
不用看篱笆墙影子和狗
不用看藤蔓缠绕植物和人
有阳光暖暖地照着
一点点水墨洇开，生活就心满意足

填进炉膛之前

上火车时就有准备
被齿轮旋转出来，粉碎
那么坚硬的钢铁意志，粉碎
千里之外被运输过来，在海上颠簸
或者在火车上箭一样喷射出去
那么远，如何用一句话诠释
这大地蜕变的爱情

我在，多少亿年前我就在
被埋葬之时就是为燃烧准备
被忽略之时就是为瞩目准备
一块金属，不过一直沉默无声

填进炉膛之前，就看见那硬的铁锹
或者软的皮带伸入心脏
填进炉膛之前，一个不朽的灵魂
幻化出一千度的光芒
那弯腰的工人，炯炯的眼睛

仿佛发现了新大陆
这是树的精魂，雨的精魂
在炉膛里即将复活

来就来了，那弯腰的工人
不放心地用锹不断地调整最佳位置
有些事就是这样，看似不经意
实际上早已有充分的准备

一车煤

到底是谁开采的已经不重要
马匹、驼队，包括火车
咣当咣当从暗夜里呼啸而出
一切都变得顺其自然

天空刚刚被洗过
每一个人的头顶都有无限蔚蓝
山野被扫荡过
钢轨被捆绑过
再也不会桀骜不驯了
梦里的幸福顺着轨道穿过村落
穿过原野，穿过城市，穿过荒地
到要到的地方去

认识或不认识都不重要
被填进炉膛之后都是灰烬
有些事不用去分辨
钢铁呼啸的方向

越过一个隧道又一个隧道
抬抬头，就是山崖上落下来的石头
卷起一点点烟尘

到更远的地方，是铁塔，是电线
是万家窗户里会说话的灯火
不管跑得多远，现在
就为了旷日长久的燃烧……

我们用双手又挖了一次

还记得老矿工的话：既然已挖地八百米
谁还在乎一千米？
既然一万米以下都有脑袋一晃一晃
像生活里的浮萍影像一样飘
往前动，谁还在乎那钢铁
轰隆隆的声音敲击着耳膜

往下，再往下
目的是要把更多的火焰挖掘出来
到了电厂的炉膛前才知道
我们的手上都沾满了火焰
眼睛不管怎么眨动，从来没有空着

我们一天天一辈子挖出来梦想
大地昼夜都动力强劲
一不小心，我们用生命挖了一生

煤炭卷宗

早晨八点整
罐笼车第一个发出声音
坐在里面的人沉了下去
成为最后一个人，进入史册

坐在里面的人并不慢，往下
直立的竖井有钢丝咣咣响动，往下
许多人的耳朵听着都很亲切

幻想变成现实，上午八点整
开着汽车，斜井，斜坡，十五度
三十度，一直车轮滚滚
进入另一种生活
没有远离，不是游荡
到来，抵达，齿轮转动
世界呼啦啦被一层一层向更深处剥离

从那一刻起，卷宗上记载
大矿井只有汽车轰鸣

新来的研究生下了矿井

新来的研究生下了矿井
在地下钢铁长城中走，高高的皮靴
踩出一些水声，溅出花朵落在面前
公式、原理、哲学、诗歌、文学
哦，意象，在这里已不重要
重要的是轰鸣声从来不停歇
头上是钢铁，脚下也是钢铁
一些煤灰的路铸过水泥
通风处，风吹来
脚下的声音一推就推到数千年前
也可能是一亿年

新来的研究生下了矿井
刚走到井下就扯开白云
陌生的眼神看着一切
一皮带一皮带的煤挖上来了
哪一皮带是他的一部分
他并不清楚

采矿机代替了他的辛劳
一刀煤下去，不需要他的手去动作

第一天就与一万年相遇
穿越虫洞，与时间打个照面
他不知道与谁擦肩而过

侏罗纪，踩着煤石

已经到石头的顶端，仍然需要抬头
需要看天上的云朵，天
已经被钢丝网罩住，出于安全
石头一直不滚动，对着刃火焰在迸溅

仰望，更高的顶端，没有人能登上去
那钢丝网有回声，让人蒙尘多年
登上去的，从没有交出向上攀缘道路
许多人，穷尽一生之力踩着矿石
向石的顶端迈进，踩下去一枚还是一枚
踩下去一块还是一块
一座煤山，原来有无限的山
都在山脚下徘徊，更高的山顶
新鲜的花朵热烈地开放

多么耀眼，穷尽毕生的力量攀登
围着煤，所有的中心都围绕着煤
走一圈，踩着石头，侏罗纪矿石
仰望的世界，始终有光芒从心里面蹦跶出来

井下斜坡道

已经用水泥浇筑，很硬
水泥与齿轮的交谈
多少天都像是一个声音

向制高点攀越，其实是向最低点进发
隐蔽的角度，让每一天感觉不同
向更低处深入和向更高处超脱
方向相反声音几乎一致
早晨要来，晚上要去
只有轰隆隆的交谈全部被忽略
多少个日子都没有了
没有人在乎这个坡道
到底有多大角度

对这土地深处的爱，不舍
多少天不厌其烦，又反反复复
被分解掉春天秋天
再一次经过，要说的话一点也没含糊

矿山即景

硕大的落日，就要落到手上
手指头动一下，夕光开始分散
呼唤苍凉的无人驾驶车辆
在矿坑穿越，声音一阵比一阵小

观礼台上的眼睛，有焰火在迸溅
矿坑深处，所有矿车
听命于太阳的口令
满坑的理想、情操、愿望、风声
色彩烂漫

眼睛是有福的，辉煌大地
像有大鸟的翅膀拍着落日
一浪一浪，整个矿山像被矿工驾驶着奔跑

这都是我所熟悉的

水泥、钢铁、昏黄的光
只有到深处才知道
这尘土飞扬的地方，是煤壁
黑的煤飞起来不是黑而是昏黄
采了很久的人走了，尘土还在
代替执着的人一直向更深处蔓延
深处，其实是被挖得更久的洞
留下轰隆隆的声音延续很久
天天都有人说接续，接续
说到刨根问底，往上溯源，无穷大
煤壁上，从来没有看到长出一棵青草
这不影响往深处所有的声音，像蛙鸣
一听就恍如隔世
其实，不管多深的井，人走到里面
只要发出声音，不是入井喊天
而是世界为之震动

黄昏时的粉碎

我好像无限理解粉碎，黄昏时
我看到时间一分一秒在动
在井下，始终是昏黄的光照着
漆黑的部分
就是正在被粉碎和等待粉碎的部分
漆黑，一个齿轮一个齿轮在转
像分针与秒针，搅碎了黑
当然也绞碎一些坚不可摧的事物
包括绞碎柔软得像风中琴弦的生命
能够看见粉末呼啦啦往下落的
是那黑的部分
我就是在深层次里感受
一些堤岸消失，一些海水沸腾
一山夕阳的余晖散尽
我穿高鞠靴久了，有一些水让我颤动
稍微一使劲，水也粉碎
这世界只有钢筋水泥是坚固的
在安全的囚笼里往深处走

黑的部分，包括黑夜
包括不可捉摸的那些声音都在被粉碎
用这种方式向深处挖进
又向浅的地方匍匐

黑马

空闲的时候，黑马是被雕塑出来的
这么多材料，每一天，每一分，每一秒
漫不经心地挖煤，就像雕塑

不用刀子
目光、手指，甚至指甲盖
都可以把剩余的部分弹走
用努起的嘴唇一吹，也可以吹走
需要的部分，补起来
这世间有许多空白需要填充
哪怕一声叹息，或者暗地里的微笑
如果有雕刀，能看见就更好
从水里面喊出一些声音
会湿漉漉地直接抵达人心的澎湃

马的眼睛必须雕塑得像真的
这世界一丝一毫都需要看清楚
它看见我，我看见它，这种对视

有形或无形都充满力量

我就在空闲的时间
对着这轰隆隆的世界喊我幻想的青春
我坚硬的部分弹出了回音
我还想再喊一次
真想听到世界回应的敲门

回回头，我寻找马的蹄子
黑马的蹄子已经踢踏着日月星辰
威武而自命不凡
在奔驰的生命里，其实没有多余的部分

生产记

一直用没有松懈的钢铁切割
往深处，用齿轮搅碎黑暗
搅碎一点一点的鳞片，偶然反光
呈现出星辰满天灿烂
所有人的眼前，亮出白昼

这是在深处，这是在庞大的机体里
——机体的深处
全副武装的脸
全副武装的身体，用切割的方式
把一个一个万古动植物，取出

钢铁的碰撞声，一直在响
切割的刺耳声，一直在响
钳子、剪刀、刀片，轻轻触碰
产房一样一直在响
沉默的日子，孕育得多深都要取出来

见到天光的时候
满世界的自由由内向外，由弱到强
普大喜奔
谁都能听到这世界不停的喧嚣、欢叫
和达标达产后心满意足的沧海一声笑

浪与礁石

浪：你不晃我
我哪来这么大的浪头不可遏制？

礁石：我都没有动
你为啥如此起伏到处迸溅？

骏马会奔来

身在草原，就不用担心
一天天的风把草吹得东倒西歪
不用担心，这广袤的草地
春天、秋天都平淡无奇

骏马会突然奔来，四蹄亮开
踩着星辰和日月，它奔走
带来盛开的部分也带来凋谢的部分
带来苍茫的天庭也带来被践踏的大地
草更加东倒西歪
偶尔一遍遍有喊出名字的呼啸
但它还是奔赴，义无反顾
阳光照着它
它的阴影汪洋恣肆不在乎一切
一些熟悉的嗓音，让蹄声嘹亮一次
再嘹亮一次

作为下过深井的人

就承受骏马的奔驰

别自己跳下马背

有光的部分，一定在坚定的目光里

下井之前

下井之前
我路过海棠园
一棵棵海棠树刚开了花

我看见那倾斜的身姿
有一点点色彩
让整个园子灿烂
阳光在上面跳跃
阳光的脚、脚尖
甚至脚底
都踩着重合的光线
都编织丝绸一样的道路

我就从上面走
一点没有犹豫
我直接踏上去
一条道不宽不窄
直接走到井口

出发时

出发时，不带回头
就一个包袱、馒头和针线
坚定的每一脚，就是针脚
在地球上走，留着痕迹

关门的刹那，叮嘱的声音
沿着地表一浪一浪起伏
始终跟在背影后面
背影越来越远
让心灵的地图更加清晰
有一些轨迹不用记起
有一些脚印不必提起

一团火烧云，一天天
加重了温度
这世间燃烧的不光是针脚
脚底下，无数山峦、江河
都可以看得清楚

沿着管道一直在挖

风雪很大，在这里稀松平常
管道边几个人在挖，像是挖掘一条沟
也像是挖一个洞口
那些声音听起来就像挖千年前的石头
一声，两声，把一些雪溅飞了起来
一些翻飞的姿势看着很优雅
落下去，其实，就落在雪里
包括落在一些人的睫毛上
一些人的面部笼罩着热气
只有眨着的黑森森眼睛
和雪的颜色形成鲜明对比
管道纵横交错
他们在管道的沟里一直挖
雪一直飘，埋伏了管道
企图要把他们也覆盖掉
天地间就他们一直在动，一直
阴影一样，不屈服地
沿着管道挖向更远的地方

来到海岸

来到海岸
就能够减少这季节的炎热
亚热带季风吹着
不用转过身
就能享用这天地的寥廓

同样是站
所有的浪花都瞬间凋零
瞬间，一切都会消失
不可能真的从头再来

一浪一浪白茫茫的花
怎么站，浑身都会被打湿
不过，不用低下头去羞愧
挖煤的人
弯的曲线给天地半透明的美

一棵棵树

挖了这么多年才发现
挖出的都是一棵棵树
绿色的叶子在太阳下闪光
让我们的眼睛充满喜悦的泪水

这么多的树，埋在地下
真的吗？怀疑的目光
一穿越就是千年，就是数千年
一些细胞一直在动
只是没有被看见
只是机器轰鸣，齿轮旋转，皮带运送
一些茎干，跳起舞来
被埋得越久，舞台就越大
一些随意点燃的火焰
需要的时候把人心照得通明

原来在这百米井下
我们所做的都是好事

一天天挖开生活的璀璨

就让这些树，再一次起舞，春绿秋黄
就让这么多的火焰吐出舌
山峦、天空、高楼、窗户，都被风吹着
幸福多久，就一直执迷不醒

百米井下排放水小分队

往前走，咔嚓咔嚓，靴子的声音
踩着水声，激荡地底寂寞的回响
岁月有呐喊，也在这水声里往前走
百米井下，排放水小分队往前走
勇士们都在忙碌
机器在轰鸣，钢铁渗出了汗
为了凿出一个井下流淌的大河
必须承受每一个钢管所到之处的跑冒滴漏
用身体抵住，用橘黄的衣服抵住
湿了一点点，必须忍一天
在百米井下，忍着一点点的水渗透
让身体代替温暖的炉膛把生活烘干
日子向前，时间流逝的味道
让水泛出来腐蚀味，水洗过
咔嚓咔嚓，洗过的脚步那么干净
向管道渗出的水致敬，正是因为
那么一点点的水让每一个人都不松懈
微笑或愤怒都是为了把一切顶住

往前走，正是因为这样的努力
一天天治水，百米井下才如此干爽
一车一车的煤，沿着皮带的道路不拐弯
走到底，大白于天下

亲爱的煤矿

我不能改变最初的想法
从学校里学矿到矿井里
把青春的梦想扎根更深的地底
所有的欲望，在挣扎后一直有深度地掘进
我能听到钢铁的轰鸣——
就是这一生不能离开
这悠然曲调
一首长歌，这么长，这么长
带着光芒穿越深不可测的幽邃

我想，我只有在更深处
才有可以征服的疆场
所有我手上的钢铁都是我的武器
所有我能操控的齿轮都是我的牙齿
在这里，我剥离、切割、纵横、开拓
呵，开疆拓土的时刻
你不知道我的心是多么起伏奔腾汹涌
呵，我是多么幸福，在这没有太阳的地方

每一天都带着无数的太阳
瞧，我一抬头
那灯，那光，那都是太阳
我的手按着遥控器仿佛按着这地球
让整个地球幸福而酥痒地起伏抖动
我也忍不住跟着发出心底颤动的笑声

这是我亲爱的煤矿，我的表情如此沉着
我没有松开手，我也不会松开手
从长长的综采工作面上走过
从每一个仪表盘旁侧下身竖着耳朵
从水声中踩出地底的浪花
呵，这世界有一点黑
但半夜里更有我亲手点燃的光灿烂地照耀
我走，摊开的掌心交给我征服的世界

写给工友

那年，你来得正好
那年，你的笑在树荫下
在刚刚躺倒被修理的钢铁下
很灿烂，你的影子倾斜，好长
被我踩住，你在我有意弯曲下来
又抬起的手指下，笑得真灿烂

那时，我就认定我们是好朋友
你像个孩子，我也像个孩子
我们在同一个背景下
同一口井里
同一个工作面上
同一条旋转的皮带侧
我们肩并着肩
我们都没有地下钢铁高
我们一天天跟着地下钢铁成长

你走后，那些书还不是我写的

图书馆很大，摆了很多书
我在看采矿专业的书，你也看过
这一切，从井下出来
我们都曾经多次共同来过

灯光还是那么亮
现在，我告诉你
那些书在数字钢铁里
在数字矿山快节奏的变换里
已经翻得有点陈旧
发黄的，是我开始弯曲的手指
生命与我们每一个人都很随意
谁也不能确定明天和意外哪一个先来

我还是看见
你在光环里，一直微笑……

此刻，独坐

此刻，在煤堆旁转身
仿佛被人拽着衣袖

在一块石头上打坐
看落日燃烧迫降大漠

大漠像丝绸被风吹出
更多的褶皱

此刻，代替井下那么多兄弟
在机器的轰鸣中看见日落

弓着腰的姿势一直不朽

就李家畔，橡胶坝流着乌兰木伦河的水
太阳一照，粼粼波光像被焰火点燃的炭星

炉膛火红，亿万斯年的静默
噼里啪啦响着煤都的奔赴
一片一片矿石在齿轮上呼啸
不用穿过井口，就听见高温的炉膛激情迸溅

所有矿井，喷涌着时代的呼声
一页一页翻过，矿工的手
挖着煤炭的史册

手心对手心，对着嘴，啪啪吐一口吐沫
弓着腰的姿势一直不朽
一天天，谁还不能看见日月星辰无限灿烂？

深度修理工

在地球深处，深度修理工
就是那容易被忽视
甚至感觉不到存在
不停地往前掘进的人

在想象与真实之间
隔着咚咚的声音
甚至所有的声音被囚禁在密闭的空间中
或者在绝望的时间里
或者干脆抬抬眼望去
一大片沙漠或者草原随风而动
其余的一切都并不存在

只是在深处，每一块钢铁卷出轰鸣
每一页齿轮迸溅尘雾

深度修理工，没有停下手中的活计

脚上穿着靴子踩出淋漓酣畅的回响
这地球，深度修理下去
生命肯定又有另一座复活的码头

过煤山

那一大堆，像山，移动过来的山
在皮带上，能看见无数奔赴的影子

原来这么黑，是那么多的影子在叠加
打一个响指，说一句晚安
夜的深厚把一切都能覆盖

有时候沉默不语，有时候光芒四射
在炉膛，那一千度高温炙烤的目光
从来都没有弯曲过

这大地，那么多琴声
那么多虹霓，那么多窗户
还有人心浩荡

有时候是光芒
有时候是光芒的对立面

一个帐篷支撑起一个煤矿

这是真的，不是神话
一个帐篷在沙漠上支撑起一个煤矿

风吹着野草，突然转过方向
一把镐在沙上开始掘动，一天天掘动
一分一秒掘动，一点一点掘动
一个口子，光渗进去
那个人粗糙的手，高举的手势
那么有力量

紧紧抓住岁月的风暴
岁月深处被埋没的煤炭一天天露出雏形
一张脸原来是带着笑的
漆黑漆黑的煤矿，漆黑漆黑的脸
用笑给这世界一夜夜的璀璨

一片惊呼声中，一个帐篷承受大风劲吹
大风吹开帐篷的门

像旗帜一样的红迸发出光芒照彻人心
那么多手齐刷刷森林一样伸出来

一个帐篷支撑一口井，井下是亿万吨的煤
亿万吨矿井群从此有了扎实的基座

一个帐篷，大风中的背影变得高大
由小渐大，真的高大，像一个山峰
用山的脊梁给大地带来新的曲线

一个帐篷改变沙漠的命运
从此，世界无限心动地瞩目

我还是钟情那把镐

我还是钟情那把镐
那把镐，掘出了一个高原
地球最高的地方，所有仰视的眼睛
把脚垫起来，还要仰视
马队嘚嘚的蹄声溅出来
让心脏不断地回应着进行曲的旋律

汗水从镐的把上流出去
血水也从镐的把上流出去
黎明时太阳的光芒从镐的把上流出去
那镐，在采矿人的手上一直往深处掘进

一条大河波浪宽
一个井口无限深
直到钢铁的工作面隆隆轰鸣
那把镐，在井口
还不断地拨动后来人的心弦

挖一个矿

那把镐用鼓一样的旋律召唤世界
那把镐用钢一样的坚韧磕碰煤矿

一座座矿山在骨骼中响动
一块块矿石在血液中流淌
血管壁上，无限山脉和铿锵的号角
在镐的挥动中，谱写又一个曲调

咚咚，咚咚，那把镐
一直敲在地球物理的心脏上

那把镐，开始渐渐变大
变得更加有力量，挥起来，砸下去
秦皇汉武，唐宗宋祖都忍不住回头

镐把上的温度沿着沙漠上的道路弥散
多少年了，从铅笔在图纸上开始
那把镐频频用一个支点
撬动小小星球，为我为你为人类旋转

开掘的号子

还在响，让我用侧身的姿势进入
在高原，在高处的星辰和月亮伸伸手够不着
在高处，不管如何往上走
星辰和月亮都永远够不着

人类只能在梦中看到大树之上悬挂着一些光芒
高原之外的河流，高原之外的山岗
高原之外的人，都森林般举着自己的手

这不影响一代代人到来、吃饭、睡眠、做梦
一盏又一盏灯约等于点燃又吹灭的一天天
一天天轰鸣的土地，井口之下
所有人像坐着云台一样，始终往高处走动

不需要苍穹，不需要万山起伏
不需要音乐伴奏，匆忙中没有时间惆怅
只有刀子在挖掘，锋利的镐，漂泊的生活
以乡音的亲切在狭小的地方集合

只有看不清的面孔，熟悉不熟悉
一见着就是一个族类
就是同胞见到同胞，笑容对着笑容

呵，在这地底深处，抵达
在一个逃生的通道，抵达
在一个工作面，抵达
一扇门，吱一声，转弯
迷宫似的眼睛成为发光的源泉
所有相互遇到的光莺歌燕舞
以秋天的姿势，让穿着靴子的脚步一直踩着
开掘的号子

这震动世界的声音
一声，两声，真的响亮

我沿着虫洞

我沿着虫洞，通过二次元，三次元
试图进入另一个星球
从村庄的道路上，抵达
一直抵达人的心灵柔软部分
信念是这么执着

我在分蘖，十二月之后
实际上什么都没有找到

只有爱是有意义的
最后的结果是拯救这脚下
有洞的土地

是的，没错，见到生命的源泉
我真的有点兴奋
所有食物，都亲近人类饥饿的胃

直到恐惧步入良夜
不顾一切，在这个洞底
我尝试有资格燃烧又咆哮

春天从千万吨矿井群走过

春天从千万吨矿井群走过
不担心一个一个井口会掉下去身影

那些声音随脚步声、开拓声和钢铁声
翻滚搅动，云层加厚，百花齐放
大地漫漫，许多流行的曲调
开始掀起一个又一个高潮

春天，天这么蓝
高原的天是矿井群之上的天
所有的舌头都发出春天的合奏

欢庆的盛会，百花丛中
翅膀、头脑、嘴唇、小调都一一聚会
洗煤厂和维修车间在不远的地方
高处的电厂烟囱每一分每一秒都有蒸汽弥漫
春天如此温暖

那么多矿井在矿工手上的血泡中开掘出来
那么多壁立千仞的建筑在矿工呼吸之间高耸出来
所有胸膛里的共鸣声一起发出来
这大地的蜂箱，音乐的殿堂
春天，所有矿井群都有自己忍不住的声音

北国风光，矿井泱泱
一面面旗帜像矿工的手为世界挥舞

每一粒煤都为祖国闪烁

夜空中刮着大风
这是北国高原的大风
挖煤的声音柔软而动心地起伏
由低到高充满我的天宇
我的采掘工作面光芒如歌

我知道，你看见的和我看见的一样
每一粒煤都为祖国闪烁

我的心在煤海中
滚过、摸过、爬过、打过
我的梦从黑泥的火焰中分离
这春天、秋天的不懈怠
以铮铮骨骼的巍峨
在地底掘进，掘得更深

我不是蚯蚓
我用心的柔软挖掘这矿的坚硬

噼噼啪啪、轰轰隆隆的声音
在血液里轰鸣
一列火车又一列火车运走了我的煤炭
每一粒煤都真的为祖国闪烁

餐风饮露，每一杯沸腾的牛奶
都有希望在激荡
大风中看着高原
高原之下，挖煤的地平线
勾勒这世界最为动人的图画

往时间深处走

没有停车场，只是遗弃的矿务局
办公楼、瓦砾，未倒的墙
之外，有写满标语的小房子

早来的人戴着钢盔在阅读
像是用手扶着脸
读天，读空无
那里有记忆的影壁
一直有到来时嚎恸的双耳
忍不住竖着
钢铁的声音在井底往心头冒
冒上来了，不只是挖煤的声音
彼此伸手呼喊的声音
坐着猴车向更深处挺进
落地时一脚踢在矿石上的声音
恍惚中一切都无限魔幻

前面是青草

青草什么时候在风中都那么有活力
年轻的秘密就是一次次新生
作为物种不断新生
世界才像被雨水真实地洗过
墙后面满地狼藉
职工工种工资变动卡字迹清晰
破损边缘的纸，黄了
留着时间的瘢痕
居委会的字样是有了毛边锯齿
一二三四五六七的巷子
一个巷子一个巷子
往里面转，好像走进去就会消失
幸好心还在，幸好都懂了

循着有遗迹的草地
往深处，一些墙体已经倾斜
像是在挣扎
一条河流在不远的地方流淌
挖了一半的岸
再也没有一把铁锹
咣当一下沿矿坑切将下去……

在乌兰木伦河边

冬天很漫长，下雪的时候
我常坐在桌子前刷手机、读书、看报
在地底的时间久了
我很珍惜地上的雪花一朵一朵拍在玻璃上
仿佛给我问候
我是挖煤的
感觉我的双手，与火车，与轮船
连在一起，把千万吨的煤
一年年从身下秃噜了出去
我知道那燃烧的火焰在炉膛是世界上最美的笑脸
让每一个人感知到不可抑制的心跳
我知道窗外的雪花飘着，我的神游只有一会儿
过不了多久，到当班的时候我就要去井下
我是挖煤的，我再也不用躬着腰
弯下身，挥舞着镐或者锹
我脚下的煤在钢铁的轰鸣里
越过乌兰木伦河，从没有回头

喊开门

喊开门，芝麻开门
暗影斜过关门的小屋
月色在窗帘外面藏着影子
窗帘里，灯光、手掌
月牙似的嘴张开，一直在喊
喊不出一条冻僵的河流
挖过煤的手粗糙，按住蓝色穹顶
夜是蓝色的，在里面喊开门
芝麻开门，心底的爱太强了
象牙式的敲击让灵魂熠熠生辉
暗影被一阵风吹进
外面的花园，再也没有回来过

麻雀记

这一回就让我偷个闲
看煤堆上的麻雀怎么飞
这一回煤堆增高了一寸
仿佛从大地上长了出来

煤堆长高，这不是我干的
我天天在井下
在作业规程里走着自己的日子
我的皮带什么时候把煤运上来
我都不知道

煤堆长高，像我青春期的身高往上冒
麻雀在上面像欣喜的孩子连飞带跳
不用扔一个煤块麻雀自己会飞走
真的扔一个煤块麻雀又飞回来

这一刻，煤的黑和麻雀的黑极端一致
仿佛是它们永不放弃的生活背景

走出来

我肯定是从亿万年前走出来的
不，我是在植物之中
在树的干，叶子的瓣，花朵的蕊，走出来
在刮风的那条路上
亿万年前的雨点扑打玻璃
像我的脚步踩着鼓点

我从深处走出来，带着光的梦想
其实，我一走出来就冲进光的世界
到处都透明，短信来了都无须去看
天下着雨，我都不用伞
在里面我仿佛要唱歌，我是透明的
世界在雨声中，有雨帘挡住
一切都透明，多好

我已经走出来，三班倒之后走出来
雨大一点，桃花在左侧
一转身流水在右侧

世界就这么奇妙，透明也给了桃花
每一次颤动着芬芳的身体

回回头我才知道，走出来
其实我还是在矿区
矿石在亿万年前就开始孕育
种子一样，是绝好的火种

相比于这么多的光有点晃眼
我更喜欢亿万年前的天空
呵，亿万年前有一点暗，暗是底色
这透明反而让我的世界不可捉摸

扑向能源革命的封面

你大学毕业就一头扎进矿井
扎进去的身影还在天际线上
那姿势，义无反顾，有点骄傲
也倾斜着向前，显得谦卑
你不知道，到底哪里是你需要的光
但机器在轰鸣，机器在前方，往前走
你以为用自己的身体就能把煤挖上来
其实冲下去，链条
一个庞大的机器当中
你只是一个链条
链条上螺丝钉或者螺丝帽
甚至螺丝帽上面的一个斑点
但你义无反顾，这才是梦想
这才是生活，道路原来都在脚下
开辟不开辟，只要有脚
脚下就有道路
汗水、荆棘，哦，每一块煤
可能都是当年的荆棘

每一块煤可能都是一棵树
每一块煤可能都是一朵花
你透过顶板上的铁丝网
看到风吹花开，风吹花落
花朵被风吹得痒痒似的发出了叫声……
继续往前，你看看那仪表
看看那不远处水面
通风队的工友用中央分裂式通风
或者用机械抽搐式通风，他们在忙
主斜井、副斜井、进风斜井进风，回风立井回风
你走后，走过去
采煤工作面采用的是全风压U型通风
掘进工作面采用局部通风机压入式通风
你在风中仿佛在梦中
你心里清楚，这是你工作的一部分
你来了，一头扎进去
扎得越深，根子越壮，长势会越好
你甚至没有歇斯底里地喊过
没有彻底地对黑压压的煤壁放纵过
地下水在钻机头部淋淋漓漓
那不是你的泪，作为男人
你从来没有为地下一千米流一滴泪
扎下去，每一天，笑对朝霞，笑对晚霞
像梦一样，你走到哪里都有自己心的宇宙，那么蓝
煤被采上来，是你认定的方向

到洗煤厂你就知道原来你挖出了一座又一座山
后来火车给运走了
直到夜的深处，霓虹闪烁
一个国家，一个地区，一个工厂，动力澎湃
你原来扎下去的地方那么神圣
后来你是矿长，后来你指挥着千万吨矿井群
轰隆隆扑向能源革命的封面

老矿工肖像

与众不同，他脸上的煤灰是铜的
旧时光又深了一层

内心忧伤，遇到每一个人都是亲人
展示出来的是自信，是勇往直前
天空不在话下，只在他的脚下
不光是大树被风吹着呼啦啦地响
昆仑山也不过如此巍峨

一只脚在前，一只脚在后
身体后仰，面部有综采机的齿轮滚动
煤壁有点陡峭
声音带着出生地的方言
现在，嘴里要喊出来的，是信念
是伟大心灵，在铜里噗噗跳动
天空之下，不缺少任何一个人
到来的人都喜欢在他脚下伸出手摸摸
矿灯绝不是符号，在青春期刷亮过宇宙

挖一个矿

夜晚的炉膛烧红了眼睛的煤火
噼噼啪啪呐喊不止
当太阳在头上与矿灯重合
光亮就毫不犹豫地照彻良心永在的澎湃
肌肉浇铸一样绷紧道路
内心钢铁一样守住责任
一把锋刃的宝剑，一尊壮烈的石头
扑向这熙来攘往的世界
有很多故事，在开拓年代
雕塑出细节

能感觉那双手曾经抱过炸药
也抱过巨大的煤块
哦，就是在巨大的矿山之巅煤块之上
他挺立，引信被点燃时
他才恰到好处地离开
在滚滚的浓烟里
以迈进的姿势，永恒

伸伸手就可以采摘花一样的云朵

每一块抛上去的石头都要掉下来
这是矿石的路，那么多石头
当年的煤炭部都很当作一回事的
钢笔圈过，铅笔也划过
上山的碎石铺就了那条路
草和灌木在两边生长
被压着的野花仿佛春天的声音怎么也压不住
往上，默默地踏过，我的车轮之声
更多的脚步之声充盈了耳朵
是谁踩着，踩得紧
石头的棱角硌疼了脚步
没有一颗石头是给他人拖后腿的
真的有魔力
摩擦力也那么强大
脚心痒痒，脚心疼痛
向上，不管有没有云朵骑在肩上
骑着的就是一种厚重和信任
人的脚踩着石头，矿石有一点黑

向上，低低地对世界发出嘲笑的声音
不在乎这样的路是崎岖还是坦途
不在乎破碎的石头宽大还是渺小
弯下腰，捡一块石头，抛起来
抛得再高，也会掉下来
小心一点，别让自己抛的石头
砸了自己的脚
往上，带着自己的电脑、数据、数据线
还有电线，万山钢架传递着
这世界人人都需要的电
需要单独一个人的时候，向上
挖煤的人还害怕前面什么东西不可预测
踩着石头就是一种勇气
感慨就从来没有停过
那不是山峰，不用绕
爬过去，是又一片天地
伸伸手就可以采摘花一样的云朵

煤堆，春芽之书

想象这半夜时分的煤堆，春芽出来
心的跳动和时针跳动贴到一起
有一些声音不可遏制

这世界就是奇妙
煤中间春芽突然露出头
有一点孤单，有一点风寒
窗棂颤颤心就颤颤，时间恍惚不已

仿佛有眼睛眨一下，再眨一下
还眨一下，风一吹
刚刚打开的瓣合上，又打开
在煤堆，春芽迎风
只有诗人的心跟着扑扑跳动

哦，这起伏的煤海，汹涌的煤海
山峰一样的煤堆，不仅只有黑

真的有春芽探出头来
不要不信，春天无处不在
谁也不能阻挡得住

橘色工作服

兜里装着星辰和月亮，到地底是一个梦
到地上沉淀更悠久的梦
包裹亲爱的肌肤，也包括肉体、灵魂
心，原来这么滚烫

在这反复穿脱的世界
穿是为了下一个征途
脱是结束又一次使命
——使命永在，每天都在
趁着黎明醒来，趁着夜晚睡去
醒来时，睁开眼睛看满世界哗哗流淌阳光
睡眠时，打一夜呼噜不记得初绽蕊桃花

橘色，有燃烧的感觉承担更多重量
接受更多的任务不可更改
——穿上、脱下，都不可更改
阳光永远暖暖地在兜里
春色暖暖地在额头……

喊一声，过 11 盘区，过 75326 工作面
一身身橘色工作服
旗帜一样，什么时候都鲜明

鹰之歌

——前生，我肯定是一只反其道而行的鹰
我不在天空中飞，在地底，在埋着煤炭的地底
亿万斯年，那么多的树、植物、生物
包括和它们始终在一起的天空
都被轰隆隆埋了下去，我一样
是那只鹰，在里面飞
——我来晚了，每天我都要飞过井口
我的喉咙有钢铁在轰鸣
我的钢铁我的团队我的综采班
我从来不反抗、抵抗，我只用
我的爪子，对，我只用我的齿轮
在旋转，旋转，旋转
把坚硬的一切都切下来
——哦，这是矿，是我一天天必须挖掘的矿
一瞬间，一秒钟，落下来的那一刻
细碎的灰尘在飞，优美的姿势
让我这鹰的眼睛一丝一毫都看得清楚
——我不张开翅膀就能飞

不需要天空，我只有渴望
浑身渴望，每一个细胞都充满渴望
一颗珍珠，一秒钟，分分秒秒钟
我都充满着渴望！
——我知道，我要把这梦中的金子
都采掘出去，我告诉热爱的人们
生活、天空、陆地、海洋
我的标签是地球的一个挖掘工
我的灵魂是亿万年前的鹰
在深处，不需要航路我自由地飞
——这一生，我不会没有被你看见
无论怎样苍茫辽阔我其实心满意足

安静吧，煤

安静吧，煤，从齿轮上落下来
就一直躁动
这些叶子从枝头落下喧嚣
尘雾弥漫，从齿轮上落下
像泪水滚落睁开的大眼睛

安静吧，煤，粉尘一直在飘
再小一些，从鄂尔多斯到榆林
从新疆到山西，从贵州到安徽
安静些，火焰已接近炉膛
所有期待的心将被填满
安静些，风云不管怎么翻涌
天都还是要蓝的，再一次落下来
综采队三班倒一直就没有停过
运输的皮带在旋转从来就没有停过
不要问为什么
安静吧，水煮煤、煤制油、煤化工
煤制芳烃、甲醇……

安静吧，黑煤、焦煤、无烟煤、北方港动力煤
煤矸石、煤籽、煤块……
对矿工来说，一刀煤就一会儿工夫
对幸福的人类来说，一车煤就一会儿呼啸

安静吧，炉膛真的已接近
这一刻和下一刻之间是存在或消失
重见天日，就是接受火苗呼啦啦燃烧
安静吧，轰隆隆的心一直没有停过

亲爱的，让我们期待又一次开始

亲爱的，敞篷车已经有了铁篷
亲爱的，我们可以安静地面对一切
敞篷车有了铁篷，粉尘不再到处飘
水不时淋下来
我们的世界一直湿漉漉的
粉尘沉没，被铁篷紧紧地罩住

亲爱的，画纸被风吹得有一点响
铁轨、轮船、汽车都准备好了
奔驰的长龙一会儿笔直
过了山口又会优美地弯曲
轰隆隆那么有力量地呼啸
光直接照进心底，我和你的世界一览无遗

亲爱的，一块块矿石不再沉默
被碎裂之后的粉尘，落入更多的黑夜
没有冲击地压，也可能有冲击地压
冲出来，只能奋不顾身

朝着人类的方向奔跑，奔得越远越好
最终都是在炉膛里舞蹈
醒了，改变沉睡的那一种状态！
醒了，呼啸埋伏在心中不可遏制的力量！
不要用时间来记录世界的苍老和年轻
不要以岁月来衡量梦想的沉重和轻盈
走了多久，没有人真的知道真与假
发声的乌鸦鸟，结网的蜘蛛侠
灌木丛中，到底能不能
闪烁出不可捉摸的火苗

亲爱的，纸和笔都在他们的手里
他们怎么画世界都有不能更改的真相
谁还不是被喊一声就用那个名字回应
亲爱的，过了这个铁路桥还有下一个铁路桥
过了这个长隧道还有下一个长隧道
更远的远方，残雪并没有融化
只有炉膛一直等着

美好的时光，就让火焰与世界打个招呼、说着话
倾斜或垂直的火舌一吐就快到结束的时候
一万年沉浸的梦，现在一瞬间完成

亲爱的，让我们期待
又一次开始

取出回忆中的玫瑰

漠风呼啸，沙漠假装什么也没有听见
煤与瓦斯共采，现在我已记住新的方向

一枚硬币咣当落地，正面反面
所有故事都是同一件事
正面反面，全都带走
一个乾坤不用左顾右盼

我已经知道，这埋在底下的
不仅是看得见的矿石
还有看不见的梦

流动，澎湃，我的眼睛和血管
共同澎湃，只有耳朵能听见

我就是我，用新的姿势把煤和瓦斯共采
想到这里，我忍不住想笑

小巷的路灯亮了起来
舞台上的主角聚光灯打在脸上
街角最后一盏灯投射出梯形光柱

看不清道路的时候
其实脚下就是坦途
取出回忆中的玫瑰
一切都美好起来

他饲养这塌陷区

用煤炭挖出去后的地下水
饲养这塌陷区
大片大片沙戈荒，是他手中
不离不弃的一湖涛声

更多的时候他走着
身影有点弯曲
被突出出来，有点吃力地养肥
大面积的期待

他从来没有退缩
早晨或黄昏都在走
他手里的水桶有魔法似的
让一片树林在此地冒出来
又让一片树林在彼地冒出来
那些纵横交错的水管，像经络
也在他手上伸展
让满世界葱翠，让生活越来越纯粹

他抛家舍业到这个地方
让大沙漠的颜值发生大转变
一些笑，在树林里伴着云雀飞

想都不用想
他在树丛里穿过去，就是一片菜地
他不用挽起袖子
就收拢满沙漠的风
他的袖口，到春天的时候
神秘地装满鸟语花香

大沙漠的颜值改变之后
更多的他
走成了又一支绿水青山的队伍

设备维修中心的铁

在这里“吱”一声
所有的铁都可以成为憨憨的形状

砍瓜切菜一样，转动、削、切割
推、拉，光芒迸溅
所有坚硬的东西成为流淌
衬托着一种笑的背景
一颗颗螺钉，刹那间
闪烁为需要的星辰

庞大的车间，几个人转动
穿着工作服转动
带着防护服防护镜转动
电焊枪从生活的深处伸过来
有一点烫

砍瓜切菜一样，那精准的眼睛
精准到每一毫米

有榫就有卯
有螺钉就有螺帽
一个眼到一个眼
一个直角铁，还原成服帖的灵魂
一吨的汗水和泪水都是迸溅的火星
所有灵魂精准地复原

砍瓜切菜一样，那么多的人
把一堆堆、一块块、一颗颗的铁
制成勋章，放在抓眼的位置

地底的云在飞

我全力阻止，像阻止我的爱
阻止，我对家园、灯光、餐桌、沙发、酒杯的
一点点回忆，我看见
窗外的天空，云在飞
此刻，地底的云真的在飞
我用综采机的齿轮阻挡住
我用一座煤山来阻挡住
但那云在飞，谁也不能垄断

我伸伸手，想扯下来，那是花
是我眼里的花，心中的花
一次轰轰烈烈的爱，我瞬间破防
我阻挡不住那些云在飞
我仿佛听到
这地下森林、黑煤炭、崖壁中
翠鸟的欢鸣，翠鸟在跳跃
歌一样，乐曲一样
攻破皮肤的鸟鸣也攻破我的梦

我拿着对讲机在走
我头上的矿灯照着煤山煤壁煤海
我看见，闪光的地方是我要开采的地方
挖掘的地方是我的梦生长的地方
一吨一吨的煤在综采机的旋转中切下来
一吨一吨的煤在皮带的舒缓中运走了
一吨一吨的煤，昼夜不停

我终于发现，这不仅仅是我
不是我一个人，是这么多的人
在地底采掘光明，我知道
那些云朵在飞，在我的眼里
在每一个人的眼里飞，在心里飞
多么好啊，烂漫的蓝天如此珍贵

原料煤

每一个齿轮上转出的眼珠子
每一条皮带上运输出来的黑金
头盔坚硬，矿灯照出的光
像钉子，钉紧时间和大地的星座

每一粒煤，原料煤
开掘出来，以光年的速度
开掘出来，以钢铁的韧劲
开掘出来，以心力与智力的澎湃
矿，如此珍贵

那抬着眼睛的人，看见一种方式
在神秘地运行，自然地运行
星期一的天空，宽大
星期一的地底，坚硬

原料煤，源源不断运行
矿工的手垂着，不用镐，不用锹

垂着，哼一支歌曲
一个煤山
在另一头堆起来

一句话，一辈子
一只煤海里的苍鹰，翅膀一振
飙出天地被凿开的混沌

向一毫米要效益

巨大的煤壁是一座山
从地底往上走
巨大的煤壁，那么高
一毫米一毫米长高
一毫米一毫米跟着齿轮旋转
一毫米都不能放弃
一毫米的效益就是乌金滚滚向人间流淌
一毫米分辨不出来，只是一个刻度
但一毫米留下一口袋的黄金，哗啦啦地响
像海洋不放弃一滴海水
像山岳不放弃一粒泥土
一毫米的柔柔软软，细细密密
用手电光反射过去
也反射出眼珠子的灿烂
许多人顺着这光
走向了一个台阶又一个台阶，向上
一毫米也不放弃
把一点一点的煤挖掘出来

把一层一层的煤挖掘出来
把一刀一刀的煤挖掘出来
一皮带的煤传送给大地
温暖的烟火传送给生活
喧嚣的喊声
鸟儿借着东风在绿林上空飞舞
少年借着光芒在史书深邃里穿行
知识的海洋，没有这一毫米煤的照耀
没有这一寸光的照耀
哪有那么多的身影开掘出
十八岁的灿烂
十八岁的人孜孜以求
三十八岁的人孜孜以求
五十八岁的人也孜孜以求
一毫米也不能放弃
一毫米的煤在综采面开掘出来
世界的味道如此隽永

吨煤必争

这是庞大的市场
国家的市场，世界的市场
寒冷需要温暖，黑暗需要光明
一吨煤一吨煤都需要销售出去

这销售的寒冷，一吨煤都不那么简单
一吨煤不是铁就是生活
不是钢就是深处的刃，多么明亮
一吨煤必须挖掘出炊烟
一吨煤必须燃烧出焰火
一吨煤必须让日子一天比一天红火

这是鄂尔多斯高原
一个销售的场，好大
那么多煤的波浪在翻滚
一吨煤都必须销售出去
销售人，在大海的边缘，在海岸线上
忍不住全心扑下自己的身体

不是为一吨煤折腰
而是为每一吨煤都销售出去日夜兼行
夜晚的图纸下
这是东南沿海，这是西北边陲
这是中部崛起需要的颂歌……

从明天开始
让一天天的火车跑得更快
让一列列火车把一吨煤输送到生活中间
那呼啸而过的一吨煤一吨煤
走向吨煤必争的人
他们的目光比市场敏锐，不必问多少倍

震荡波动

站在海岸线上，黑色原来如此壮观
震荡波动，那么大的市场一眼望不到边

扑进这个海里，再矫健的身姿
再庞大的身影都被湮没下去
看不见，只有少数锋利的眼睛看到
那么多的点连成线连成了面
起伏，一会儿高一会儿低
一会儿冲锋的少年英姿勃发
一会儿温柔的少女低眉沉思
这么大的海，这么大的市场
冲进去，日日夜夜

在门口听一点风声
在远方听一点消息
一寸光阴一寸煤，一毫米的煤
让集中控制中心的人睁大了眼睛
远方很远，近处很近

一列一列的煤在震荡波动中
快或慢，进或退，高或低
呈现出神秘又有魅力的线条

再一次，坚定地站在这庞大市场海岸线
所有的目光无比清澈
一些弯腰的人学会了挺腰
挺腰的人昂首自豪迎接这壮阔的震荡波动

千万吨洗煤厂的沙柳

就那么一株，很突出
要多少的焰火才能衬托出它的绿
一万亩的绿和一点点的绿
都不能分割

洗煤工从旁边经过，他看见
那风吹出的形状是一块煤
用亿万斯年的人体
孕育着，孕育着，不需要多少火焰
不是改头换面，而是彻底地
——脱胎换骨

要多高就有多高
要多少云朵就有多少云朵
那煤堆得如山，而沙柳就在山尖上
洗煤工用自己的手抱一块煤靠近沙柳
以天空为背景，给自己留影

洗煤工的笑，是大地最美的笑
在美的背景下，他一伸手就抵近
正在运煤的——皮带

哦，这大地，亿万斯年孕育的火焰
并没有让世界一片灿烂
千万吨洗煤厂的一株沙柳
却让大地因美而震颤

洗煤工一辈子都在洗自己
这倔强的沙柳，在此生长，葱翠欲滴
一吨一吨的煤，呼啸着就此别过

活鸡兔矿

秋天披着衣服，旗子一样在高原
非常显眼，一头羊又一头羊
从井口经过

高原上的云朵跟着人翻滚
井口的下方，是亿万斯年的梦
被开采出来

一根皮带呼啸着流淌，一条黑暗的河
用轻微的声音就来到人间

综采机、连采机在轰鸣
操作遥控器按键的手指，像钢钎
点一个地方又一个地方

轰隆隆的一天过去，是又一天
井口什么时候都迸出满天星光

采煤，沉浸式交互的地底

它来了，轰隆隆带着钢铁的身体
它那么硬，不是自己来的
有庞大的队伍跟在后面

看不见的队伍，一双双的手
白皙，甚至透明
甚至有灯光留下剪影
还竖着旗子
它那么矫健地来了

采煤，煤山
黑了，亿万斯年，黑了，悠远古典
那么黑，那么黑
它来了，直接采煤
我就是一个不拐弯的煤块

亲爱的人呐，看我在地底深藏了多年
看我这黑的面孔，有着不断燃烧的渴望

我的心，交互式的，一些数字在穿越
我的心，澎湃似的，一些浪涛在翻滚
我的心，不寂静，始终有咣当咣当的力量
要冲到更远的地方

我不会被埋没得太久
这是我的一个信念
我知道，它来了
它是来开采我，挖掘我，让我重见光明
我也在粉碎的凄苦中感受一种疼痛
我在一齿轮一齿轮的旋转中被搅碎
然后又复原
我的灵魂原来如此坚韧
如此持久，如此硬朗
不是我对整个人类充满了自信与傲慢
而是我对这个世界不屈服

我知道，它来了
带着钢的锋利和刃的无情
我就是一块煤，迎接这挑战
我的声音不会消隐在这地底
我想在皮带中远去
我想在远去中获得新生
我的焰火，我心中储存了亿万斯年的焰火
将给这个世界无限璀璨

相信我，如此深挚，如此坚定
体验这交互式的大美
和采掘的机器交换风骨，我愿意美美与共
我有被这个世界永恒开掘的资本

一车煤即将出发

一眨眼，就看见一车煤即将出发
铁皮把所有的黑包裹
想告诉世界，一切已准备就绪
无须动手，就直接出发
轰的一声，不可更改
每一个时间，每一个站台
每一个点都固定，不可更改

月亮和星辰转换，一车煤经过
每一次，从此地到另一地
天天都是经过，铁的躯壳包裹着煤的心
一车皮一车皮的煤，一列车的弯曲
一眨眼就出发，告诉世界
什么都是被安排的
有人坐在火车头掌舵方向
有人坐在控制中心发号施令
有人在井下挖更多的煤

一车煤出发，带着呼啸
带着冬的温暖，夏的凉爽
带着在地底承受亿万年的黑
带着终将被点燃的内在焰火
出发，一切已命中注定

通风监测机器人首秀

这下好了，就一亮相
所有的风，矿井总进风、总回风
主要大巷、采区上下进回风巷
采掘工作面进回风巷
瓦斯尾巷、火药库、中央煤仓
所有的风都集合，闪烁的数字
在眼里实时呈现

这下好了
代替了固定的车风扇
代替了所有的记录牌
用目光捕捉用心灵感应
代替了井下空气的取样化验
代替定期的循环
代替一次次全面的风量测定
瓦斯、二氧化碳的浓度
所有的数据
在需要的地方呈现

风悠悠，在洞口
再没有人骑着青牛从魏晋走来
只有采煤的人，驭风而行
那个精灵般的家伙
没有眼睛，不需要眼珠
不管刮什么样的风，了然于胸

井下的风门

出门是一阵清风，进门也是
原来这风的门洞周边是掏槽的
原来这通车的风门间距不少于一列车长度
原来这行人的风门间距不少于两个人的高度
门与门，在地下相通
就像心与心，没有任何阻挡

不用在这里喊滚烫的辞藻
但在这里经过
吹一吹这风，测一测这风
每一种成分都必须有国家的温度
——这门带必须使用角铁制作
这门板必须使用白铁皮加固
多好的门，在这里穿行
走来走去是风
走来走去是生命的通道养育着春风秋风
氧气的一个海洋，用数据说话
一些数据变换，瓦斯的数据

断面积、风速、风量、空气温度
大气压力、二氧化碳的浓度值数据
所有刻度在变与不变的区间
在恒定的弹性内，幸福才清新地荡漾

每一个门，开帮、掏槽、挖底
每一个门，墙面平整、无裂缝
每一个门，与另一个门，构成一组
门框包边，沿口有衬垫，四周严密
所有的门敞开与关闭都为了心与心交融
班组长在喊：注意穿过这个门

穿过去了，班组长的影子高大
穿着靴子踩出的声音，一声，两声
走过的所有地方
无杂物、无积水、无淤泥
从不在嘴边上喊滚烫的辞藻

散步

我从地下回来，像是真的
我不过，吃了这人世的一点晚饭
我不过，喝了这人世的一点迷魂汤

我出去散步，就着傍晚的夕阳
我的影子宛如收割后的田野
我的影子宛如行走的电线杆
我从地底带回来的光明再也不被忽视
我原来有这么多不为理解的烂漫

在桥下，河水汩汩流淌
我听到这么多的人异口同声在唱
——世界真美好，世界真美好！

我走了一会儿，一回头
你来了，洗完碗后的你真的来了

谢谢你，我在这么好的时光

在这么好的地方又见到你
远处，高山，流水，渔歌
还有我地底的煤炭，梦一样轰鸣

幸福涌上我的心眼
幸福胀满我的步履

不用折叠，我一步一步踩着星辰
天上一颗星，地下一颗心
我有一颗心，你有一颗心

我走着，这么好的时光
一些水波从我心底不用商量就冒了上来

地下水，大禹之治

深夜灯光下，他摊开治水挂图
沉默中践行少年时的诺言

再一次，他核查 52503 综采面
再一次，他凝视地下人工挡水坝体管装系统
再一次，他用铅笔在采空区
在储存岩层渗水
和井下开采污水的每一个点
涂抹永世不曾醒来的梦
目标：地面净水零入井，地下污水零升井
再一次，他在实地的工作面踩过
巷道的每一寸土地、每一个角落
图纸的每一个数据、每一根线条
他已经了如指掌
再一次，水库技术、采矿、地质
水文、水利、环境交叉
他反复又反复用思想的轮子，碾过

灯光柔和，远比会议室的声音响彻心底
灯光下的图纸，一直变小
灯光下的不眠之夜，一直变小
他挑灯夜战的脚步
在三十五座甚至更多地盘踞的水龙宫穿越
地下水老虎，开始低头
他往更深的地方钻透岩层
代替无数的人
鼻翼闪动，不制服这地下水决不罢休

采煤沉陷区的光伏

沙漠起伏的脊背，塌陷
转身，翻身，成为沙漠丰盈的胸脯
反光的玻璃阵
站着的人，把笑透视给大地

淡蓝、暗蓝、深蓝
海一样起伏，那么多的光
孩子似的，聚拢、跳舞、唱歌
有人听见，有人充耳不闻
光的海洋来到沙的海洋
天真和烂漫聚在一起
反复讨论这伟大时代

钟声、风声、呐喊声，开拓的声音
一声接着一声，这是多么壮观的雕像
来的人都来了
去的人都不忍离去

波澜壮阔在于，一转身
那么多光伏，多晶硅、玻璃板
照见一个人又一个人的心路历程
心路在探索中，上坡下坡
所有的光
开会似的在这里发言

地下是千万年孕育的煤被挖走
沉陷区，头疼的一个区域
变成财富一个新的增长点
光洁面反射许多人开拓出来的笑容

背着书包的学生跑过来了
他们好奇，不断地喊——
人间有光，到处有光
光明照耀每一条沙漠的道路

我心里装着一块盐

我心里装着一块盐
它是横空被蒸煮出来的
洁净，纯粹，美
娇艳得垂柳蘸水，甩出笔尖

我心里装着一块盐
在地球上，在中国，在安徽
它诞生，晾晒，雕琢
美的盐，原来那么清澈
但它又那么咸，有火留下的种子
一句话不对就噼啪燃烧
整个世界有无数翅膀，炸了出来

呵，这一块盐
消化不了，抛不掉
一地球的水稀释不了
无数蝴蝶，波涛汹涌日夜起落

秋日帐篷

沙卷起来，秋阳硕大，一阵风就看不见
大地暴风雨一样，扑打着帐篷
风推开门，风餐露宿
不用窗花，就能看见轰隆隆的世界
有自己和同伴，生火，做饭
喊对方的名字
把脸上的煤灰留着作为图案
水那么珍贵，地上铺盖卷刚刚展开
有的人披着霞光在使命里匆匆走去
有的人睁开眼睛从梦想里惺忪归来
站在秋天辽阔与雄浑的背景
沙有时候安静，有时候躁动，天昏地暗
帐篷前每天都不用扫
一关门，吱一声是动听的存在
月黑风高，夜晚降临
笛声阵阵，帐篷就是胸腔
奏鸣曲的世界不竖耳朵也能听见

露天矿车

雷声是从左侧冲过来的
一回头，露天矿车
又从右侧往前奔去
仿佛用手能够推动

那庞大的家伙
依托春天给大地示范着颤音
哦，远了，更远了
柴油的味道在空气中弥漫
心灵一阵战栗，那么大的家伙
压低翅膀，甚至根本就没有翅膀
沿着糟糕的地面滚了过去
这是在地球上
小小地球仿佛有了震动
脚下，所有人的脚下
落花一样喊着
它不停顿，不回头
向着前方，义无反顾

向着矿坑，兴奋澎湃
万物都有了新的期待

那庞大的家伙轰隆隆地吼着
把一些人留在原地
张大了嘴巴，心怀梦想
挥着手向整个矿山喊出什么……

与矿山书

当然就是矿山
可能没有一条路通向山顶
也没有山被风吹着能戴紧帽子
就沙漠沙脊线像男人拱起的背
又像女人挺起的胸
迷人就在于星辰月亮一次次来过
忍不住又一次次来过
那么多的人在线条上走
用铁镐，用钢锹，弹出日子的旋律
还带着炸药
最初的炸药是用来制造轰动的
地球为之崩塌一个角
那么多的人都在跑
跑过去，又跑出来
一脸的紧张，又一脸的笑容
那一次仿佛阵痛，整个山都在动
地动山摇过后，一切归于平静
太阳照常升起

月亮那么温柔
睁开眼睛，世界还是人类的世界
只是一口井又一口井向深处
返回来悠悠的声音
那么多的人在追梦中走向自己
在山路上又走向世界
彼此依托，彼此鼓劲
彼此用眼神提醒，彼此支持
没有比这更和谐更生死与共了
整个矿山被掏空的一个角
不断有钢铁
向人类发出心心相印的呼唤

矿山物联网

每一粒煤都在网眼里，密布的线
纵横交错，不光在中国的南部
也到北部、西部、东部
越过五大洲四大洋
鄂尔多斯大柳塔矿一个齿轮下一刀煤的闪动
在莫斯科的灯光里都有回响
纽约的机械迸溅出音符填满人类耳朵
斯德哥尔摩灿烂，马尔维纳斯澎湃
一点点声音，北京的一粒煤跃出闪光石头
啄木鸟在枝头歌唱，柳莺的尾尖像画笔
这个春天到哪里都是不可复制的天籁

多么好啊，一根网线连着花蕊
另一根网线连着炕上刚刚包好的饺子
锅里的水沸腾
一个欢笑和另一个欢笑缀在一起
是春天真正已经到来了
网眼里，新年的问候谁都想打捞出阖家幸福

最让人不能忘记的
就是灯火虹霓、山光水色、晨岚暮霭、晚霞烟雨
离别和相会，不负山高水长
呼喊声、问候声，乡音俚语
各种肤色，彼此会意

多么好啊，从数学的公式里，从数据的逻辑里
一棵树生长亿万年全面入网，一棵树也不能少
整个矿山，星罗棋布
一截木头和另一截木头
一块炭和另一块炭，一点火焰和更多的火焰
人类命运共同体的温暖，紧紧地抱在一起

我小声地喊你的名字
鼠标那一头，你给出回应
上升良好的一只煤炭股票长势多好
别收网，这苏醒的冰与火彼此牵手

夜幕之下抱着一座煤山

有风吹，和地下的风不一样
青草在晃，地下没有
我想到了古代的地下，灯没有
光谈不上，甚至没有氧
那些土，那矿石的黑
是这夜幕

夜幕多大呀，不需要制服
就有一些影子走动
撕扯着这秋天
好在有星星，有几颗星星
有一点点的星星都是希望
有一盏盏的小灯都是光明
有些面孔能够看得清楚

夜幕之下抱着一座煤山
熟悉的面孔不会再漂泊
抱着这坚硬，这从地底返回来的声音

那些人在地下，是时间的劳动者
踩着分针，秒针，像剪子
剪出这矿山黎明

我就是矿工、修理工，我就是工程师、班组长
我就是掘进队长
夜幕之下抱着一座矿山，一抬头是浩瀚星河

掘进

……这些奇形怪状的石头，没有怪，也没有形
在地球的深处成为坚不可摧的整体

钢铁无尽轰鸣，崖壁开始陡峭
崩塌的、激昂的进行曲是凶猛的物种
盾构，羽化式地往深处运动着身体
这古怪的心动，踮着脚尖挺着胸
用手上的矿灯插满岁月的玻璃窗
接受更多的风

从别处跑过来一队队人马，通风队运来的风
让氧气充足，走路的人轻易就穿越了悬崖
从身体里掘出又一个秋天

……狼烟滚滚，狼烟滚滚
飞起来的秋天仿佛一个号角顺应更多的矿石
挖走一座又一座山峰，号令，持续的进行曲
把炊烟从地球深处又挖了出来

仿佛厚重的钢铁已经忍不住向前面又移动一米
我能听到矿石一块一块在剥离、碎裂
无非是骨骼一样响动，无非是爆竹一样炸裂
除旧、迎新、电锤、台阶……
一块石头一块石头开掘过去，是又一种命运

观井

别以为井下传出来的声音就是蛙鸣
侧耳，这是改变世界的声音
醒来，这修理地球的力量超越任何时代

迈着淡定的步子，高鞫的靴子
踩在钢铁上，踩出了旋律
踩在煤灰上，一些风把尘土吹成弥漫的背景
踩在矿石上，一些光把背影落给闪烁的飘忽不定
往前，一个工作面又一个工作面
长长的巷道，迷宫一样不辨方向

皮带的声音是音乐，和矿石摩擦出幸福火星
一点点溅落，一层层水滴
采煤工走动，呼喊把长长的巷道喊得悠长

往前一点，香港来的人问，这是展览用的矿井吗?

矿长说，上午还在生产，现在是检修时间

呵，这干净明亮的矿井
开着汽车在地下览胜

秋天，秋天

对于离地面一千米的地方
季节没有痕迹，真真切切
那穿过的汽车是连接
一千米以下和一千米以上有力量的精灵
它轰鸣，其实就是对着大地说话
在地底，它们的回忆
像尘世间动脉的回应、静脉的回应
连接每一个工作面，永久安全岛
一切只是经过
一直在旋转的皮带不知疲倦
对于在一起共度时光的人
巨大的生活在这里是另一种安全岛
滚滚煤海，有颜色
但都被光罩着，眼花缭乱
心智已经变得更加纯粹
从这个点到那个点都集中在采掘采掘采掘上
这毫无疑问，每时每分
旋转的齿轮，不是蹂躏了这地球

就是温柔地取走埋藏的焰火
到千米之上，一点笛声
就把所有的一切唤醒
靠到井口边上，过一个门
是洗浴，回到秋天的果实里

无人矿卡

一开始，我还不知道
它怎么这么快就绕着一个土丘转过去
甩下和苍茫大地交谈的声音

一开始，我还不知道
跟在屁股后面的灰尘是它自己卷起来的
不快，不慢，不多，不少
正好把它的身体全部隐蔽

我以为驾驶员每天要吸尽飞扬的尘土
让抵御风尘之肺具有无穷无尽的力量
他们是铁打的好汉，整个煤海
矿坑里就他们是真正的英雄

我没有看到一个人，只看到那矿卡
从一个点到另一个点
从黑色一直抵达枯黄
甚至所有轨迹都是相对固定的位置

来了又走，走了又来
是同样的方向把握
又不是同样的坐标数据
它们那么勤劳

直到矿长告诉我，那所有的矿卡
都是无人矿卡
它们在数据动能里把煤还给人间

这下我懂了它们的路径像复制的一样
所有情节都不可能哼着小曲
在不蔽风雨中它们一往无前穿越
不管人间有什么样的风霜雨雪

呼唤

许多人过着星星一样的生活
水深火热，又升平歌舞……

等待着，等待着光明
等待着，等待着温暖
等待着，等待着一双宽大的手

——一个人的手，指挥着，舞动着
在最高平台上的声音穿越所有心灵
让广阔的世界都一个样

最美的时刻，一个脑袋是无数个脑袋
无数个脑袋是一个脑袋

想家的时候

想家的时候，在离井口
不远的一条小路上看井口
被机器切割的圆弧形天空
那是半个月亮

在左手的一边，也在右手的一边
生活，从来都这么飘忽不定

从井口进去，到从井口出来
左右都是那机器切割的圆弧形天空
应该缺了坚硬的一些东西
比如石头，比如铁，比如生了锈的铜
比如想忘记也忘不了的疲倦
井下的路也是路，平整了之后
只有车轮的声音与深处的土地交谈得很亲切

那一年，因为井口我们来了
因为井口就再也回不去了

多年前就把话撂在这儿
就这个井口，一入就是一辈子

想家的时候，真正的月亮升起来
在井口的一侧
看不清楚的地方，是身心安处的他乡

来一趟

别以为我是来挖煤的，工业发力
在绿色的链条上，我只是一个环节
一把挖煤的镐，早已扔了出去

别以为我只是走走，踩着的地面
在地下一千米，你所在的地方是海平面
我呢？身体的四周都无限陡峭

我就在煤的深沟与壁垒间穿行
曾经一双磨出血泡的手早已挖出智慧矿山
真正有力量的手掌，开始柔软

钢铁轰鸣起来，皮带旋转起来
蒙尘岁月，风雨只剩下记忆
我来，见耸峰巅伏出峰谷的肩头
扛着压舱石的重量

我们高过所有地下的事物

不管地面有多高，我们一样
我们都是从地面来的

不管地下有多深，我们一样
我们都是在地面上直立行走

而钢铁，钢铁铸就的框架
让矿山矿井深处如此坚牢
通风处的风，防水处的水
丝绸一样起伏开拓的波纹

不管怎样，我们起伏，坚守，行走
钻机，电铲，齿轮
煤炭破碎的时候我们抬抬眼只是看

不管钢铁的框架有多高
不管顶板、铁丝网如何把我们安全地护卫
我们都会回到地上，回到一千米的地上
——在地上，我们高过所有地下的事物

炉中煤

世界真的很大，开始炽热
渐渐地热，红的是炉膛
我手里的工具箱有很多的工具
别以为用了这一个就没有那一个
别以为有螺丝松动就没有扳手把它固定
别以为我用了这个就没有了那一个
别以为有了家园就没有硝烟，有了幸福就没有战火
我被粉碎，进入这炉中
我炽热，和世界一起炽热
我的爱，宽阔的肩膀，拥有无限的力量

我告诉你，我认识高尚与谦卑，我认识勇敢和怯懦
我就是我，燃烧吧！我就是一团火
我告诉你，我知道高低，知道大小，知道前后，知道左右
我是被破碎的煤，进入炉膛
给世界铁的答复：我就是轰隆隆燃烧的火苗
日日夜夜舔着不屈不挠的舌头
别嘲笑，我有自己的头颅，一直火苗一样昂着

我有自己的双手，一直火焰一样举着
我有自己的骨骼，一直钢铁一样歌唱
我粗犷、雄浑、活泼、坚强、机灵……
我有无限的力量通过我的朋友传递出去
我可以炼出钢铁，也可以炼出
比钢铁更雄强、更坚硬、更无限的物体
我可以产生无尽的动能
蒸汽机冒着热气那里有我
炊烟袅袅的云彩那里有我
风云翻卷龙吟虎啸的声音那里有我
我在这炉中已经不在乎粉身碎骨而留下灰烬

这世界，进攻的、防守的、前进的
后退的、保护的、毁灭的、计划的
散漫的、制造的、销毁的……
归零的时候又从零出发
这世界，我用火一样的命运准备着
用灰烬一样的沉默期待着
勇士的名分不要给我，英雄的称号也不用给我
我有着自己的工具箱，请允许我慢慢地使用
每到需要的时候，在一个国家
一个省，一个县，一个乡
一个村，一个土坑里
一辆小车或者一根皮带就让我千万里迢迢
迸发骄傲的心跳……

煤炭花园

可以做，不是假的
不是用来炫耀或者装饰
明天就开始设计图纸

可以坐，坐下来
让眼睛随便看看这美的世界
光的世界
和夜晚降临的世界

可以做，把这个花园做成功
让这轰隆隆的矿区有一个安静的地方
优美、休闲、悠然
带着孩子，在花丛中奔跑

可以坐，坐下来
沉思或者看着远处
自备电厂的烟囱冒着蒸汽
可以挥挥手，和一天的太阳作别

也可以起得早一点
——当你老了，瞌睡少了
起得早一点
打打拳，健健身，吼两嗓子

让声音
　　越过矿山
　　　越过沙漠
　　　　越过大海
　　　　　越过耳朵

安抚一下跳跃的心
在矿井的进出里
悠闲的岁月
　　　平静
　　　　深远
　　　　　直入灵魂

可以做，明天
就做一个煤炭花园
可以坐，挖煤之后
坐下来，歇歇脚……

煤炭来了

当我用厰八零火车装好之后
铁皮让煤炭成为一个方块
在大地上行走，迎来许多仰望的目光

迎接它，煤炭来了，这是埋在地下
经过地壳隔绝空气压力和温度条件下产生的碳化化石
这是冬夜里即将燃烧发出火光的温暖
这是一条河流，从上游到下游的流淌
这是粮食，是重工业、轻工业、能源工业
冶金工业、化学工业、机械工业、轻纺工业
包括食品工业、交通运输业都需要的粮食啊
是我们人类的胃那温热和柔软中煮熟了的笑声

真的，煤炭来了，别以为它是古植物的遗骸
别以为你能看到那发光的矿物、枝条和牙齿
别以为它们没有名字，你喊一声试试
它们有回声，一车一车的，一船一船的
越过沙漠、越过高山、越过大海

你喊，别看它那么黑
黑得优雅，能神一样回复一切的呼喊

煤炭来了，远古的生物说来就来
燃烧的时候，是那么热烈，充满着激情
是那么有力量，来了
意识、感官信息、记忆、历史、现实、寒冷、动力……
把寒冷驱走，世界温热
让动力澎湃，多么强劲！
蒸汽机也睁开了眼睛
而超超临界水煮煤炭，用一束光照过来
更多的能源打开了带门轴转动声的新宇宙
毫无疑问，这一天所有的房子
张灯结彩，鲜花盛开……

煤炭来了，那些男人女人都来了
世界那么温暖地拉着手，唱歌跳舞
一长串的车辆慢慢驶来，进入幸福之门
打开门吧，煤炭来了
不用接打电话提前知道信息
该来的直接就来了

到智慧矿山看云

从北京到鄂尔多斯高原
到哈尔乌素智慧矿山看云

云在飘，智慧大师，中国之光
高原之光照过来
智慧矿山，以传感器为线条
勾勒图景，各种各样
震动、温度、气体
数字瞬息变化
无人机，飞跃、监测、检查
矿山的各个区域，成为数字的洪流
一个卷毛狗在矿坑里动
不！是风吹着一块矿石在动
看得清楚，每一粒粉碎的矿石
在视频里看得清楚，放大，缩小
随心所欲，运转、状况
什么都看得清楚
丝毫也不能避过

车辆穿行，无人矿卡穿行
信息化、数据化、智能化，智慧大师
云一样变幻
云朵中，观礼台有灯光在变换
巨大的手，无形的手
以想即所得的姿态，出现
每一个排土场的边坡
每一道开辟的矿路
每一条运转的皮带
呵，整个过程，整个运行，整个管理
遥控器提按一下，所有轨迹
心电图一样呈现

在流动的目光里，在云朵的变幻里
霞光出现，这个时候
人间矿石，是有颜色的花朵

致敬废弃的一座矿

怀旧的双眼在青草掩不住的遗迹上
一遍遍触摸
石拐子、河滩沟、五当沟
褪色的汉字，渐渐变大
像废弃的墙上写满的红色标语
一直大到心底
留下旗帜猎猎的声音

青草还是那么青，是新的
一堵堵墙，一扇扇窗，一块块砖
包括苏式三层尖顶房子上面的烟囱
都显得很旧，只有岁月风云变幻
不断有蓝天被烟雨洗过的新蓝
一片片出现
让经过的人没有感到孤独

这里曾经是动的地方，人影在动
车辆在动，机器在动

连矗立的建筑都像在动，路也在动
蹦蹦跳跳，一直延伸到正在生产的矿井
弯曲的草地被挖煤人的手修过
所有线条都显得笔直
往深处，是矿卫生院注射室、办公室、打字室
遗落的合影、报纸、电话机、办公用品
似乎熟悉，又似乎沉淀进奔腾的血液

这里曾经是辉煌的矿，现在
一张张被抽去色彩的镜头
成了新拍的黑白电影
寒风一阵阵吹，这是北中国的寒风
有一些声音被吹来
又有一些声音被吹走
那条日本人二十世纪三十年代修的铁路
生锈的钢轨还在
像肋骨，疼痛地从今天
延伸到历史时间的不能忘却里

感慨的双眼在风中闪烁
谁还不能伸出手捂住恸号的耳朵

折叠时光

用捧着炸药的手去折叠，那时光有声音
用挖煤的手去折叠，那时光有色彩
用早交班后的钢笔在本子上描红
那时光有太阳的轮廓

太阳从东边出来，没有人怀疑
一刀下去，一躬腰就是一口井
一刀下去，一低头还是一口井
千万吨的矿井群就在弯腰与低头之间产生

把时光一折叠，粗粝的工装字样很耀眼
井口平静，地面苍茫，黄沙滚滚
下得井去，这第二空间如此壮观

井下如此寂静与轰鸣
寂静，静得亿万斯年都保持沉默
轰鸣，震耳欲聋的声音掏出岁月燔火

就用手轻轻地折叠，风声不断
此处、彼处、起来、抵触、伏下去
彼此彼此的象声词噼噼啪啪
造就一个时代开创天下的轰轰烈烈

沿着轨道，一车一车的日月
被挖掘了出来，沿着轨道
一支一支的队伍闯荡出来

旋转的齿轮一直在诉说
折叠这开掘时光，不知道疲倦……

井下集控中心

所有，全部，不漏一丝一毫
我是说
大到机器的运行状态、顶板、瓦斯
小到一粒煤落下溅起团团尘雾
全部掌握在心

掌握那数字的变化，在屏幕上
临屏时代，在屏上看见一切
包括轨道、路径
包括步履、心跳
我们都已经看见

外在的一切，延伸到内在的一切
包括不用掐着指头清算的所有状态
所有的井下，第二空间的一切
一览无余
别看地壳这么深，别看挖掘这么久
在这里脱胎换骨，每一步都已掌控

坐在屏幕前，集控中心的安静
是这地底轰鸣的另一个对立面

呵，如此寂静
综采机的智能，一刀煤一刀煤切割
眼睛眨动，一瞬间
安全、效率、高质量，闪闪发光

人工干预采煤

我只是坐在屏幕前
离机器、离轰鸣声远的地方
玻璃房很透明

我只是点一点鼠标
在该在的地方不能缺位
在不该在的地方，这绝对不可能

多年以来，自动化
让一些煤源源不断重见天光
多年以来，数据闪烁
无人化的矿井一直发出轰鸣

我只是坐在屏幕前，旁敲侧击
你听，这里真安静
你听，空气是机器给吹来的
你听，词语原来有点苍白，声音好轻
那绿色植物都看不到一片叶子

我只是坐在屏幕前，干预一下
用信念和希望看见未来
用流水和花香填补第二空间

这土地，这深处，人工干预采煤
我只是旁敲侧击

一种神圣的感觉让我心怀敬畏
连着皮带，所有被挖掘出来的梦
重见天光的日子，卷起满天红云

雪中送炭

雪崩的时候没有一片雪花是轻的
这土地被覆盖，眼睛在深处眨动
许多人因为寒冷什么也看不见
仿佛自己的眼睛被黑布蒙住

雪崩的时候，雪中送炭
温暖整个世界
雪原一片苍茫
落下的每一片雪花都有自己的重量
从远方来，呼啦一声
又要到远方去

蒸汽、热气、心气，在聚集
一阵强烈的冲动把整个雪野抱紧
如果有可能就轻轻把所有的雪都抱走
扔给不曾醒来的梦
如果有可能就让炭一车一车地来
一天一天地来

温暖是这样的事物
雪崩的时候每一声问候都滚烫人心

雪野辽阔，抬抬头
一片月亮的天空有一点苍茫

雪中送炭，温暖整个世界
这是诗歌和哲学同时到来的真实世界
采煤的人一生都分香散玉，给世界送炭

煤乡

煤乡其实是一块巨大的石头
在地底，挖煤的人
一个棱角一个棱角在挖掘
一片煤层一片煤层在剥离
用钢铁鸣奏出地底的声音
让所有人听见，让所有人都听不见

再深一层，噼噼，挖出了一个洞
再深一层，啪啪，洞更大
那石头好硬，每掘进一步
都是惊动世界的声音
但世界感觉不到
每挖出一块煤帮子，都呼啦啦崩溃
原来崩溃也有激荡人心的欢呼

新式的挖掘多么有力量
往深处，那么多的人越来越小
越来越小，直到看不见

无人的石头在剥皮一样
一层一层卸下灯火
到夜晚的时候才知道温暖

这巨大的石头，养育一代一代的人
吃饭、住宿、睡眠
做重复的梦

老矿工的爷爷

那时候，他在黄沙的褶皱里
推着车子
黑夜中，他推着，满满的
霞光里，他推着，空了

膝盖以下的部分那么坚硬
他每走一步，咚咚的
给高原砸一个坑
再走一程，咚咚的，像全身卸下来煤
直到塌陷区，冒出更多的青草超越头顶

只有老矿工还经常来喊他
喊他看看那一车一车的煤
都运向了哪里

矿山树上的一只鸟

这冬日浩荡的矿山，苍茫
一点一点的积雪、石头铺陈

在树枝上的一只鸟给人类一个轮廓
声音是清晰的
像它黑色的身体在雪中间界限分明
穿越河山激荡得很远
让我在夜晚能听见，白天也能听见
千里之外真的听见
它不是在叫，而是在唱
它不是自言自语，是和矿山亲切地打着招呼

那么大的矿山
在它的眼里就是苍茫大地
那么大的矿山
在它的声音里是一粒没有燃烧的火焰
我告诉它那流水
是在它身下的树根流淌去的

那皮带是在采煤人手上流淌去的

这人类主宰的世界
心灵里，血液里，七彩的光芒
要输送到许多地方去

它像是不懂，在树枝上扑棱一下翅膀
纷纷落下积雪
好像要把矿山全部覆盖

井口盖过白云一样的羊

有点虚幻，像是假的
井口盖过白云一样的羊
一大片一大片地盖过去

井口，有一些字样清晰可见
羊沿着有坡度的边框一点一点移动
更远一点移动，看不清它们的脸
只看到草摇晃，树摇晃
点点的白，像积雪
也摇晃

这人世罕见的图景有着动的能量
往更远的地方动，慢一点
太快了一切可能都再也捕捉不到
再敏锐的目光都只能看那么远
太快了，一切回归寂静
黑夜降临将把梦想与喧哗都全部淹没

缥缥缈缈远远近近上上下下移动的云
一大片一大片盖住了井口
只有我知道，那羊发出一阵欢鸣的叫声之后
就走了
那沿着皮带从地下输送地上的人间焰火
昼夜不息，离开井口

矿区的寂静

沿着长了沙柳的小路，绕一圈
就听到一些流水的声音
叮当得沙漠瞬间激动

一切按照人间的序列
向更远的地方排列
这世界，开始整齐划一
我在路上走，我走我的矿区路
你在远方飘，你飘你的春水曲

我坐拥整个矿区，怀里激荡着矿山的轰鸣
你窗临一江的潮水，稳做你的弄潮儿
我就是走走，抬头就发现
矿区这本大书
读了多久都读不到最后一页
从头读、反复读
每一页都有黎明和黄昏
每一页都有轰隆隆的机械昼夜嘶鸣

我只有走到地下
才看见眼前的一切都是真的
我只有在这路上
才享受着矿区无边的寂静

只有这个时候
我才天真地相信
矿区的山水为我青绿

帐篷支出了矿区的轰鸣

白色的，在风中
进进出出的人很零散
星星点点都不被注意

帐篷就在沙漠的坡坡上
有一些云朵绕着，拽都拽不走
黄昏的时候，从井下回来的人
脸上还有一些煤灰，一抹笑
被夕阳看见，显得无比灿烂
从帐篷里出来迎接的人
也用笑围拢一晚上的温暖

走进帐篷，就是走进一个家
走出帐篷，就去挖掘一座矿井

披着晨光与暮色
那些平凡得不能再平凡的心脏
让这高原一直能听到咣当咣当的跳动

白色的，在风中，回首处
矿区的帐篷支出了整个矿区的轰鸣
大片大片的绿色，从地底汹涌上来

当梦想变成欢呼
所有人都忘记那历尽艰辛开采的煤
已经去了什么地方

在数字化矿山吹笛

充血的嘴唇
根本不在乎这零下三十度的寒冷
风雪扑进来，仿佛扑着胸腔也有回声

在数字化矿山吹笛
吹出了无限大的声音
吹出了这高原的空旷与辽阔
还有这不能不抵挡的寒冷

拥有凛冽之气的笛声
原来不是放大了生命的嘶哑
而是增强豪壮的力量冲上更高山顶
天空中飘飞的所有雪
仿佛都是被吹起来的
就吹吧，那么多的雪花
一粒一粒相互碰撞
发出数字化煤炭激荡的声响

这神秘大地所有东西成了乐器
就一截竹子，和手指，和臂膀，和身体
和被风雪抽红了的脸
和被羽绒服包裹眨动的眼睛
都连在了一起
激越出一万种轰鸣
连地底综采机齿轮切割的煤
也用一样的旋律给予回应

风雪弥漫，数字化的煤
从自己的波浪里剥离出来
让这所有的一切都发出自己的声音

在十二个月的声音里
允许所有听得见的人
欢呼似的奔走、跳舞、拍手

煤田上的红嘴山鸦

从矿井出来
我就捏住了那隐秘的叫声
在枝头转个弯
用力去抽，像春蚕吐丝

这高原，这蓝天
云朵被它叫出来细碎的花朵

风吹着，它的声音里有一种苍茫
它每天仿佛在喊地下的煤醒来
做梦的煤，一梦千年
它的一声
让深处的一些矿石
一齿轮一齿轮地切下来
落地有声

它陌生的声音，伴着风
给了我线头一样让我捏紧
我往深处去找针眼

炭情报来了

不能忽视一点点的焰火
那点燃眼睛的手
神出鬼没，伸出去或收回来
没有人能够琢磨

更多的东西都在放弃
更多的霓虹都已经得到
秋天的天空很高远
什么都能容纳，包括落叶
落进去一点点灰
点燃了整个堆场

世界最疯狂的
是那些辨不出寒热的嘴
各种理由都颠扑不破

真的来了，这地下的精灵不好预测
出来的时候能够跳舞

沉睡的时候带着惊雷

滚动的还在滚动
而流言即将消失
明镜似的心已经清楚地知道
其实，再沉重的炭都不能离开

储煤仓边上的月季

到现在才明白
那储煤仓边上一点欲望的猩红
连羞涩不回避任何眼神就抖动了起来

是风让她张开了嘴，或者眨着的眼睛
渗出高原上一朵、两朵，成片的云朵

没有消失的
是储煤仓后面走过来的一些人
他们成群结队
脸上的煤灰是天空落下的调色板
真的很生动

再也不用挥霍这大地的收成
储煤仓满了，开放的月季
哪怕一朵都不顾忌伸过来的手

黄沙滚滚

春天的一个午后，黄沙滚滚
你好！黄沙，遮盖不了我的井口

我刚从井下走出来，我的形状
和风的形状、黄沙的形状
混合在一起

天地滚滚，你好！黄沙
请承认我此刻一米八的腰杆笔直
请承认我此刻雕塑一样
和滚滚的潮流一起，嵯峨

我，还剩下我
我的风骨从来不会被更改
风再大，我直立
我的衣角旗帜一样飘
我的体型是大写的骆驼
我用矿石一样的坚硬

不被任何力量摧毁

我从井下来
挺起自己的脊梁
高原上的山原来这么高
不拒绝任何闪亮的攀登

所有的尊严在黄沙中滚滚
我用生命编织着矿井下
不断被开采出来的灿烂

你好！黄沙！
多少年都滚滚

下雨了

多少年都不下雨
就一阵，黄沙倒伏在地
留着风的喊声

再遥远的地方都需要喊声
喊一声，黄沙滚滚
沙尘中，喊的人
一个接着一个

黄沙漫天滚滚，下雨了
从矿井下走上来的爱
喊不喊，都汹涌起伏

深井

深不可测，不必测
开着汽车直接往里面走就是了
都不用迈自己的脚步

这大煤田的大地下
斜井，坡道，破译地球的密码
不用背诵，轰隆隆的声音
仿佛在告诉自己，再深，再深入一点

深不可测！

风在吹拂
风吹，通风的人让一切和解
从东边来，从西边来
从里面来，从外面来

荡漾的，是生命不屈服的挖掘
挖下去，综采面上的声音
像液体，朝着陡峭处流淌

维修厂的焊工

他试图把黎明焊接到夜晚的心空上
那光，喷薄出来是玫瑰
他的手突破一个年代，有无限的力量

他让磨损的零部件穿上时间的衣裳
表情始终那么严肃，他戴着安全帽
眼睛一直藏在玻璃的后面从来不用命名

他从早晨走过，在钢铁间
在需要焊接的螺钉间穿梭
不管焊花怎样爆发，所有盛开的玫瑰
在他的眼里有无限的美
掉落的一个星子，“吱”一下
发出超越梦想的光亮，然后，暗淡了下去

他离开维修车间，脚下的皮靴
踩出哧溜哧溜的声音
他的眼睛迸发出比玫瑰更晃眼的光芒

千万吨矿井群

方圆百公里，千万吨竖着的矿井
连接成村落，井口
人，是上上下下的水桶
一天天打捞轰隆隆的光明

不远处，许多繁星握在手上
采摘的手、挖掘的手，带着光亮的手
把荣誉镶嵌到没有流云的天空

向下，一天天汲水
金子的光芒，永远迸溅
金子的光芒，不用雷声、风声、雨声
去撞响，那些人用胸腔
发出黄钟大吕开拓的节奏

离开或到来，守卫或奔赴
秋日长空是他们唱响的歌
在伟大的时光里激越而辽远

井口，那么多人列着队
上上下下，浩浩荡荡
一年年，背负地底被点燃的焰火

挖沙漠

我是第一锹
我敢确信
锹把是木头的
锹有铁，锹口曾经生了锈
一锹下去，锹与沙
发出哗啦啦的声音
就一锹，从那时候开挖
三十年过去，还不停
已经挖得很深了
那么多的井
棋盘一样，留着喊话的井口
那发出声音的舌头搅动
将停的时候，又开始了
我知道，还要挖

路边的铁人在奔跑

脚步锤击着大地，有铁的成分
在霞光里迸溅了出来

铁的姿势，是矿工在维修厂焊接出来的
新的人群，是矿区文化在空闲的地方生长
无限地快，又无限地慢

快到和霞光一起辐射给生活
慢到和迎面走来的每一个人
身体与身体挨着，打个招呼

大地无限地大，矿区也很大
就这些铁，成为铁人
包括那些轮胎，包括那些锤子
包括那些卸下来的钢架
都成为奔跑的理由

早晨的光追着，那铁的姿势

是矿工换了一种运动装
更显朝气蓬勃
他们奔跑，起伏成又一类
汹涌的一座座山峰之巅……

齿轮

在日光灯里旋转，切割空气
又让更多的空气不停地运动
流水线一天天迸发出高音
而一旦停止，整个大地都会失眠

这是矿区的大地
生长的草木频频点头
风吹，雨淋，日晒
所有眨动的眼睛应该都关注到了

高速旋转的齿轮
看不清楚但喊出来的声音动人
握不住但喧闹的力量一天天生长
这是矿区维修厂的一角，旋转的齿轮
一眼旋转，便一辈子旋转
云朵仿佛也是被吸引过来的
它秘密的转向最后到底去了什么地方
没有人知道

只有大地的回应给它赞美

能够接受矿工用机械的手操控
就能够回到母亲的怀抱接受岁月摩挲
呵，小心一点
这天空的熨斗，真的有点烫

这旋转的运动
切下来的声音长久地回荡
这是维修车间不停歇的咏唱
一辈子都穿透有矿区情结的耳鼓

起重机钢丝绳

轻轻一拉，仿佛这天气
阳光被拉了出来
满窗迸溅的霞彩
让我们的眼睛发亮

在高处有一点晃
不抬眼就知道，是起重机钢丝绳
无比结实

原来我们每一天的吊装物
都那么重
并不妨碍，我们的天空
一直辽阔

焊花开放

在鬓角或者在指尖上开放，那么灿烂
像蛛网一样，结在生活的每一个层面

偌大的车间，一抬眼就看见
丛林一样的枝头结着不容易捕捉的花朵
花瓣上有细密的纹理，有汗水，有辛劳
有小时候田埂上炊烟缭绕过来的问候
有灶台上锅碗瓢盆晃动的声响……
密密麻麻，稀稀疏疏，远远近近
间歇性的，一些声音闪着光
带着钢铁可以平衡的重量

又是一丛焊花开放，那么快
里面的一张张脸，在玻璃后面
焊接岁月不能抹去的记忆

矿用链条

九点钟，从车床旁经过
一地矿用链条有一点锈
不影响空气在身旁流通
扳手都不用找到自己的方位
就看链条的环
一环一环扣在一起那么紧密
焊接妥当、结实，有力量
仿佛昨天今天明天扣在一起
从来不会中断
靠在车床边上，听机器的轰鸣
只是链条一直保持沉默
远一点，是焊工用焊枪在点着宇宙
近一点，是脚步一声一声踩着时针与分针
“把矿用链条搬到另一边去。”师傅说
“好的。”学徒工很响亮地回答
学徒工的眼神很谦逊，身体异常敏捷
哗哗啦啦的矿用链条开始移动

整个车间仿佛能听到世界链接在一起
咣咣当当的现实听着像崩溃，其实是
庞大的机器跟着矿用链条一起移动

关键时刻

当我开始新的一天
修理这从地下转到地上的钢铁
我从声音里能听出哪些地方是不结实的
哪些地方不会为任何事件所动

我将我的力量一直用在该用的方位
从来没有野蛮地扭曲应该保持的布局

一切都很自然，我每一天都把先前的内容重复
关键时刻，我才用自己的技艺和技术

煤堆上的蚂蚁

暴雨似乎要来临，乌云在高原的天空翻滚
太阳不时露出脸让乌云更加清晰
像谁在给天空泼墨，大地上
最清晰的背景是那巨大的煤堆

络绎不绝的蚂蚁用和煤一样的颜色奔跑
不仔细看，没有人能发现它们惊人的速度
它们成群结队，保持着同一的节奏
它们一不小心在这个大地上就会失踪
它们爬煤堆很有经验
翻越、俯冲，或者滑行，都跟得很紧
一切都不会成为前方的障碍

它们背着包袱，像是白色的
像是天空中的云朵赋予了大地上负重的颜色
认真的人一低头发现，它们真的不知疲倦

想起车间时光

天天都是嗞嗞的声音
老旧的耳朵长出了更多的蘑菇
铁的钢的都生了锈
圆柱形的方形的菱形的
让生活目不暇接

好在，夜的色彩让焊花无限灿烂
这是无限灿烂的工作
整个车间，每一个穿行的人斑斓而多彩
而这车间在整个高原应是很小的部分
而这机床在整个车间是很小的部分
而我站着在机床旁是很小的部分
而我手上的焊枪在钢铁之中是很小的部分
焊花蹦出来了能盖住我的脸，我们的脸
是很小的部分

再斑斓一些
从任意地方走过都不用转弯
所有人一路带着钢铁的花朵

告诉世界

到鄂尔多斯高原，过沙漠
一抬头就是矿区，我知道
我遇到的每一个人要么是矿工
要么曾经是矿工，或者即将成为矿工
散步的傍晚，这么多人因为矿走到了一起
大地比以前更绿，沙已向后退却了无数步
并一再向后退却无数步
绿洲原来在矿工的手里无边无际
我的到来，留给大地的影子和你的影子重叠
所有见到的人并不陌生，影子穿越沙漠
正是这个时候，我想告诉你
千万吨的矿井群太阳正照出了一切
那从地下到地上的能源之梦
我想，真实地告诉你，你们……

不过是从那时一弯腰开始

不过是从那时一弯腰开始，一镐下去
这坚硬的沙，呼啦啦倾斜着崩溃
井口是越挖越深，越挖越深
能听到燕雀安知鸿鹄之志的鸣叫
能听到更深处，通风后澎湃的激流
能听到不远处，沙漠里建筑起来的房子
打开窗户，喊着回家的声音
回家的声音，不过是从那时一弯腰开始

面对煤海

面对煤海，三十年过去
我应该有资格如此清澈地坐进霞光
我坐，镐和锹已经扔在角落里
生锈的歌声被阳光照出来还那么嘹亮
而机器，钢铁长城在地下延伸
轰鸣，与我曾经梦想相对应
我安静地坐一会儿
过去属于沙海，现在属于云朵
现在，我有绿树红花和缤纷的落英
现在，我内心深处那么宁静
我从地底走过多年
挖掘出的星辰月光阳光
成吨地抵达任意地方
昨日之日不可留，我坐一会儿
今日之日在头顶，我均匀地呼吸
多好啊，我粗糙的手还是那么有力
我看着如山峰起伏而汹涌的煤山
我有足够的道路和万里辽阔

掘进队长

看什么都有掘进去的冲动
像蚯蚓一样，弯曲着躯体

不断地往前，一掘就是三十年
青春在里面，中年也在
把汗水和忍不住的笑声掘出来
越深越有分量

锋利的眼睛，一看就知道
这个可以掘进三米，再掘进三米
直到井壁上象形文字，大把大把开放

还在掘，地下一片漆黑
钢铁明晃晃的锋刃掘进去
矿石黑黝黝的油彩滚出来

他的步履仿佛踩着点点星光
高低起伏都有轰隆隆的歌谣

沙柳

梦想在窗外站着，就一棵
一千公顷的沙漠别在矿工的白衬衣上

白，衬托了从地底堆出来的黑
一座山峰，在窗下被风吹着呜呜作响
一些灰尘被树叶咬住
一夜间冒出来的沙柳，脚下踩的
都是微型鹅卵石

多么幸福，没有缝隙似的覆盖
让尘埃的颜色与天空接近
天空已经开始明亮，一抬头就看见
一棵沙柳是无数棵沙柳
分蘖式的影子笔直，遍地起立
那些灯在更多的窗户上挂出来
所有灯亮的时候
就是一个矿区新的版图

这里曾经多么荒凉，自从煤炭开采出来
一棵棵沙柳旁打坐的建筑
是无数人，向天空攥出的拳头

我就这样看一会儿远山

我就这样看一会儿远山
在那路口久久伫立
目光从田野到山脚到山坡
我认定到远山肯定有路
我有脚，哪一条路我都能走

我走过很多地方
石头的路、水泥的路、柏油的路
荒草萋萋的路
摩肩接踵的影子是前人的影子
也是后来人逶迤不绝的追随

既然走过，想回首就回首吧
曾经执手一抬眼相看泪眼
我就这样看一会儿远山
留下一条路不想现在就说再见

矿长即事

在一堆煤中间，脸膛并没有煤的色彩
只有眼睛眨动，被风喊出了更多的声音
他的心底抵近河流
又喜欢每一个迎面走来的矿工
他朝着汽车看了一眼，一伸手
那么果断，把车门打开
他坐上去，轰隆一声
就冲入矿井
在矿井深处，他那么熟悉
按规程操作，显然他是个老司机
向更深处开动
对于综采面、液压支架、顶板、瓦斯、水
都那么熟悉，他一一走过
仿佛在歌曲中踩着音符，那么流畅
他走过一个巷道又一个巷道
经过的地方不留任何痕迹
迎面而来的矿工对他笑，他也笑
走过去，这光里留下他洁白无瑕的牙齿

巷道很深，工作面广阔
他踩着钢铁的步履很响
他眼睛里是一刀煤一刀煤安静地流淌
他走过，他知道
他有自己的矿和冒着热气的生活街区

美好的事情天天都在发生

俯下身，那么谦逊
低姿态在生活中穿行，能够看出来
在井下走惯了，那样子
让人尊敬，不用催促，不停
对风天然地亲近，甩开膀子往前
让阳光在手上不断地闪耀
在眼睛里汹涌着更多的爱和温暖
仿佛在乐队中踩准了更多的进行曲
脚下的煤渣子每一秒都有动静
把欢笑和幸福都传递给别人
安全帽下的眼睛那么亮、梦幻和真实
神奇的是在井壁上不光有黑色的煤
还有那么多变幻莫测的云朵
他拍一拍身上的尘土
告诉自己：“继续，不能停！”
“继续！”每一天
外面的天空都阳光灿烂
是的，有一些珍贵的蓝，让他在井下

每走过一个地方都有值得纪念的背景
在通风口，他吞下一口风
仿佛明白了什么才离开
美好的事情天天都在发生
他不用说话，不大的世界，安静的世界
用平安在大地深处不动声色地欢呼
他步履坚定，从来没有放弃

一九九五年沙漠上的工地

故事刚刚开始
铅笔在图纸上圈阅一个梦，开掘的梦
沉睡的煤呼之欲出，多少年的梦该醒了
铅笔晃动，反射太阳镏金的光芒

一铅笔下去，是一包炸药出库
一铅笔下去，是镐头开始挖土
漫漫黄沙庞大
狂风卷着一个人影又一个人影

渺小的人影在铅笔的图纸上
渐渐高大，直至变得伟大
像塔一样慢慢露出真面目
像雕塑一样孔武有力量
棱角点画分明

一些人在风沙里反复喊着征服
一些人在风沙里反复演练掘进

我不下地狱谁下地狱
就开了一个口子，就挖开了第一口矿井
那么多的人，走了下去

简易帐篷，简易一天的生活
粗糙的饮食，雪水洗脸
上厕所像对着天空歌唱

铅笔晃动，挖下去就不能停止
一支又一支队伍真的挖下去了
埋葬多少年的乌金，愉快地接受采掘

不需要情节，钢铁和人，挖了下去
乌金，滚滚地冲了出来

矿工小调

矿区的黎明，我迎着太阳
矿区的黎明，我抱着太阳

呵，蹦来蹦去的太阳，在我的手上、心里
我享受这自由的风，这轻快的春天秋天
我享受这十里花香，千里花香

哦，我的爱
一百米之内是你
一百米之外是你，到处是你
我的爱，我的心只在这矿区的太阳
我穿过一片森林
穿过一片花棚搭起的架
矿区的早晨，原来也有露水在滚动

不必用春水的眼光去看生活
不必用鸟儿的歌喉去唱光明
我就是我，我用我的手抚弄一枚太阳

我就是我，我抱着一枚太阳，抢出一枚太阳

哦，兄弟！我们一起，推出太阳
它是个球，我们踢一踢
它是个神，我们拜一拜
我们仰望或者弯一下腰
用命运的轭，背负青天白云里的太阳

多好啊，兄弟，不远处是我
不远处是你
我们围绕着太阳奔跑
我们的家，我们的温暖
我们的焰火，我们的煤炭
在地底一天天有被采掘的声音

多好啊，我们从地下挖掘太阳
从心里挖出太阳
我们秉手抱拳，给大地呈现
每一天不一样的太阳……

让我做一块炭吧

让我做一块炭吧，在地底任意的地方
采煤机齿轮经过的地方
多大的力，切割我，开采我
一碰，有一些灰尘在冒
也有埋藏不住的激情，溅一点星火

让我做一块炭吧，在洗煤厂一角
水在扑洒我，皮带在运行我
破碎机让一切都可能破碎
为着一种信念
谁也不怕粉身碎骨

让我做一块炭吧，一进入车皮
火车飞驰着从夜的深处奔赴
从黎明奔赴，从太阳里奔赴
穿过隧道，隧道光明
穿过大桥，桥都坚牢
我只在一个角落里，跟着车皮

偶尔发出尖厉的呼啸

让我做一块炭吧，炉膛已经烧红
等待着我，熊熊的燃烧抽着丝
等待着我，从地底走向黎明
一定有我发光的时刻

相信我，我曾经葱翠过，也曾经腐朽过
黑是我的外表，一直保持沉默
红是我的内心，一直藏着焰火

不全是煤

不只是一年一年地装
不只是一皮带一皮带地装
不只是一锹一锹地装
哗哗啦啦往里面装
多大的空间都被装满了
整个天，整个地，整个日子
被装满了
从冬天开始装
到春天、到夏天、到秋天继续装
一直装
那么多的声音，从地上到地下
从地壳深处又到早晨的太阳里
挥动的臂膀非常有力量
那影子由小到大
装满了许多人的一生

薄煤层

那么薄，命比纸薄
当开采的机器从光明里穿过来
穿向黑暗，薄煤层，再薄
机器的轮子一旋转就把梦想
切掉了

再切一遍，往深处
露天的薄煤层，像藏着多少年
用旧了的嗓音
一切，就切出来
在整个山野回荡的呐喊

不只是切割一次爱
不只是切割即将燃放的烟火
身披彩霞的人，在露天矿
用齿轮把整个节日小心翼翼安放

薄薄的煤层，切下来了

仿佛千年的睡眠给切醒
冲出来那五千大卡的煤灰
忍不住对亲爱的人无休止地放纵

此刻，在离齿轮不远的地方
看见切割后，一颗即将燃烧的心
收紧，世界仰望的脸
绽放出爱的魔鬼复活了的笑容

钻探

往深处，更深处的火焰
挖出来原来是黑黑的
一块不规则的石头，有光洁面
可以摸，一摸
谁的手不都是黑的
尖利的一块棱角，不规则的肉体
欲望是双刃的，欲望的舌头红了
另一面肯定还黑着
就是这么黑，可以再摸
用手指摸，用手心柔软的部分去摸
或者干脆用脸贴上去
谁的脸愿意是黑的！
继续，往深处，用钢一样的锋刃
往深处钻，哗啦啦有流血的冲动
大沙漠里灰尘漫天
不用怀疑，再往深处
这庞大的煤海其实没有底

煤山

我喜欢这座煤山，黑得流油
太阳照着，反光
光芒也是黑的，像黑眼珠子眨动
沙柳在上面生长，泉水在心里流淌
我一次一次读诗歌一样读出
黑得闪着金光的句子
昏暗和沙沙作响的煤粒在滚动
文字在每一个人的眼睛里滚动
一粒滚向田野，滚向成排的树
一粒滚向沙漠，滚向荒凉的生活
那么多人来了就不再荒凉
车辙一次次像勒出肩头的印痕
黑水晶一样的光又反射了过来
相信在我的眼珠子里
你也能看到被熏陶后的纯粹
我披着外套迎着风
在煤堆旁轻轻哼小夜曲

我后来才知道，我就是个挖煤的
弯腰，弓背，或者侧身穿过巷道
从来没有妥协过

我向你道一声晚安

没有准备，也不用彩排
窗外，煤海的星星
比任何地方都更加明亮
这么多年的采掘，才知道
这样的艺术一天比一天完美、崇高
有一些启示，一直跟着在跑
在地底跑，在地面上又跑
在星辰中间还跑

煤，一天天已成为生活的全部
你的全部，我的全部
缤纷的声音改变着一切
一些房子盖起来，窗户明亮
一些道路修起来，宽阔笔直
树和树手拉手排列
一天一天幻化新的模样

雾没有散，果酱和葡萄已摆好

美酒的泡沫迸溅
谁已经准备好香槟在挖煤后的傍晚
谁的马车在红尘中穿越
嘚嘚的声音闯入整个世界
开采的梦

幸福就是听着窗外机器轰鸣
任一皮带一皮带的煤被运走
任山和水孕育的树更加葱郁

放下一切吧
高原的夜开始安静
我向你道一声晚安

调节风窗

你不必认出我，这时候我已全副武装
和任何走来的人、离开的人，一个样

我的矿灯，照着自己的前方
笔直、幽邃、深远，我用自己前额
射出太阳，给看不见的你
也给看不见的他
这个心灵的角斗场，我高大
拥有巨大的影子，被推向地心深处

轰隆隆的机器在不远的地方开掘
一层一层的煤、切下来的煤
在皮带上呼啸，它们走了，我到来
它们到来，我用自己的目光一遍遍抚摸
拥有不尽的柔情

我祝福，我看见的，正如你看见的
我描绘，正如你想要知道的

这时候，你不必认出我
我用橘红色的全副武装
给这深邃的大地，留着不懈的矫健

我走过去，调节风窗，一个可控的结构
风窗设在顶帮完好处
我调节结构、质量

有风吹我，我知道
我用采煤人的警惕、沉思与深邃
每一天都很真实
我一刻也不放松地在大地中央，昂首阔步

当我去井下

不远的地方，我走了几步路
离硐口石壁上的一朵野花那么近
能把握住的黎明和黄昏
都有光在我的袖口收拢
我踩着沙地，踩着土路
踩着汽车刚刚压过去的柏油路往前走
到硐口，离井下也不远了

我带着白日的光芒要到井下去
我踩过巅峰的脚
也可以踩井下的一块岩石
我充满自信往下走
背后的群山仿佛跟着涌过来
溪流显然有叮咚的声音
和我的步伐一起为大地伴奏

我真的是来下井的
沿途，井壁上的光芒让我看见一切

这深邃，这 63559 工作面
这不疾不慢的速度
我的步履带着霞光
仿佛踏过了千峰万壑

挖煤的铁锹扔在时间的阴影里

有时，捏着已经用旧了的云彩
有时，吐一口吐沫握紧一手的沙子

风吹沙漠，高原像绸缎一样在动
锹头在太阳里被清洗干净
又到地下，与黑煤一起交谈、搏斗
最终，握手言欢

皮带是后来呼啸着经过的
在时间的阴影里，好钢还留在刃上
偶尔抡起来，能挖出一声笑的煤

大柳塔矿

一支铅笔，扎在
鄂尔多斯高原的版图
挖出大沙漠一个洞

深处，一些光芒往外迸溅
沙漠沦陷，黑黝黝的石头昂头

许多人背着日月向洞口走去
把白森森的光带到地下

许多人挖出道路把矿石扛回人间
纵横日月的土地，一直喧哗与骚动

日月的深井，一天天
轰鸣出更多的日月

给矿工

往下挖，挖深一点
那么黑那么黑的地方都不用辨别方向
直接向下，那机器，那钢铁
那刃的声音，像咆哮
一直向下，再深一点
深处不可测
小声一点，这世界到处都漏音
再小声一点，别惊动那飞翔的翅膀

钻头

露出它的真容，那么长
锋利，那尖的地方
是谁镀上了明晃晃的钢
很多人都看不见
看不见没有关系
看见的只是一个人
那个人真的看见了，那么长，有力量
像汹涌的海浪，像起伏的群山
有独到的节奏，看过去
有一点颤抖，充血的岩石都变成了海绵
探下去，身体笔直
贴得更紧
这世界所有的风都停止
呼吸屏住
再往下，钻探的一刻
那么长的家伙
一直触及深处的幸福

钢钎

铁的黑被磨得发出了光
矿山，从此一览无余

矿井是深的
井口像一扇窗

低头，垂着耳朵去听
所有的声音像合奏

矿工的手长出了呼啸的钢钎
一扎下去就是一个矿洞

矿工的手现在只有遥控器
按一下，到处都有撕开土地的声响
穿过沙漠

天下咧着嘴
井口，一直在笑

第二空间

往前掘进，两万米
掘进，绝境，那么深刻的动作
所有人都该记得
开天辟地的掘进
一个幸福花园，土地被撕开
灵魂到肉体上翱翔
向下，向下越深
倾斜的方向越远
向上的力量越发蓬勃
再远一点，是第二空间
为着向黑暗攫取更多的光明
为着光明真的被拯救出来
我们披着星月一天天作业
向下，向深处
抬头不见星月
头颅显得更加巨大
向更深处继续掘进
一个人就是一支队伍

掘进机永不回头
掘进一米，两万米
不停歇，人的意识
原来有庞大的机器
轰鸣着向前，加倍真实
在深处，在第二空间
我们攥紧从不停歇的手

地球风暴

挖了一辈子地球
是为了拯救地球上
本就该存在的欢乐与火焰

随便吐出恐吓
会毁灭地球
万千生灵

此刻，一抬头，就看见
时间的镜头在向后转

远一点，看看地球
有人嘟哝着
往更深处走去
地球风暴淹没了影子

测智慧

我要看到我想要的一切
在挖掘的地方，在灯光昏黄的地方
在灰尘弥漫的地方
一小块属于我的空间
我要看到天然气、水能、地热能
我要看到煤炭、矿石、煤粉
我要更清晰地看到在钢铁中，在矿井中
传送带、胶带摩擦生热、电机短路火花的前兆
不明撞击发生可能的蛛丝马迹
我要让数字闪烁到各个地方
走动的阴影投下紫罗兰的忧虑
突发的意象不由自主发出喊声
我要用气体浓度探测、红外探测
遮光率探测、热过载定位系统……
充满每一个地方，每一个时分
我要让到处都成为我的眼睛
我要看见我想要的光、祥和、欢乐、平安
在地球深处再不起眼的一小片空间
我要看到任何时候能莺歌燕舞

离开和抵达时间都精准

随便一转头就能看见
这茫茫大地钢铁拖着矿石前行

不用蹄疾步稳
沿着地球每一个方向，现在，将来
下一秒，到什么地方都有轨迹
屏幕闪烁

能看见灯火中、星光中、烈日下
到既定的地方，就是思想的轨迹
走一条路
一切都能看得清清楚楚

时间、坐标、印痕
数字闪烁，星辰迸溅
千万里的路是一支进行曲
高音，低音，转弯，起伏
都那么顺畅

安静下来了
一车一车的煤、一船一船的煤
迎着旭日出发，迎着落日消失
融入辽阔背景

运智慧，不再是咣当咣当机械位移
数字闪烁，离开和抵达时间都精准

掘进不止

工程师日夜奔忙，在编程的逻辑里
无论东，无论西，向隅而立
向屏而坐，一日日都没有停过

掘进，这是煤矿，系统集成，智能化
在综采工作面呼之欲出
已经出现！割煤、推溜、拉架，运输
工艺自动化远程控制，屏幕上
工程师灵感迸发

一日日小，一日日大，一日日生
不停止，一直没有停止
一键启停、自动跟踪、记忆割煤、工况监测
每一个地方配置近感探测器
神经的触须不放弃任何细节
液压支架自动闭锁，综合移动端自动管理
灵巧的手
操控了这些按键就操控了这世界

藏身云端的意志，力量出神入化
真的不可小视

太空舱下围观的人睁大了眼睛
操控者一心一意，一脸轻松

采煤工原来可以这样西装革履
采煤工能够从早到晚目不转睛
浮云不再是游子思乡的履痕

掘进，一刀煤一刀煤越过手背抵达洗煤厂
一车煤一车煤沿着钢轨抵达海洋
轮船汽笛长鸣，蓝天辽阔无边

——掘智慧，掘进不止，一走就走了很远
现在，解放了采煤的人类
现在，幸福是出一次远门，到鲜花丛中
嚼一叶有嫩汁的青草……

风动，心动

井下，通风是个大事
钢梁再坚固，流动高于一切
时针秒针嘀嘀嗒嗒，一嘀一嗒
风，一次次都要掠过指尖

暗夜再暗，有灯光照着
空间再大，风，进风井、回风井
都少不掉门，春天越过水面
一丝一毫都有波纹
把一切都控制在股掌之中

抽出式，压入式
或者混合式，风
许多人奔忙了一辈子
把身影铺在钢筋混凝土的壁上
终于明白，所有生命活力
都来自风中

真的是大事，生活围着风转
风动，心动，在世界上挥挥手
数字化感知方向、力量、温度
再小的地方，都不会忽视

钻机无人驾驶

能够听到轰隆隆的声音，在地球内部
能够看到往深处掘动的钻头，锋利铿亮

内心闪出光芒，绕着所有松软的幸福
朝坚硬的核里钻进去，义无反顾

世界有一点朦胧
春夏秋冬都有被忽视的崩溃
听见和听不见都在深处
蜜蜂一般，为开拓歌唱

没有人，看见或看不见都在心里
真的没有人，只有意志深钻一切
深处，坚硬的夜幕尘埃落定

粉末凋谢，金光闪闪
谁能把伤疤揭开，一声叹息
更深处，深不见底的洞，是一亿年叹息

钻机深入十万八千里
顺着白天或黑夜的针脚闯入无人之境
更多的寂寞脱落，更多的空洞喊叫
真正的矿工，袖手旁观什么都会发生的世界

遥控推土机

一座大山是人用血泡推走的
生命一直在那里用血液的澎湃，闪光

一座大山，遥控推土机
一推就是一辈子，有三段可以看清
一段是出发，空空地穿越空气
一段是一点点推，一层一层累积，往前
再一段，推走，石头纷纷溃逃

推掉所有的烦恼，让心宁静
焦急的内心，要把所有的土堆推走
推走之后，更多的土堆出现
这地球，原来所有的推土机动起来
土堆都推不完

手指按动，遥控
就是离远一点看着心灵震颤
许多人的脸，岁月淤积
一层层，刀刃逆着鳞片一样被推走

机器人焊接

从辛劳里剥离出来，火花迸溅的芬芳
后面不再是人的脸
钢架、线条，或者骨头
人类的骨骼不再是二百零六块
交错，难道一定要问一问到底是不是那么多
生存与美，在断裂中
一点点火花就够了

只要善良、纯真、向往、友谊
彼此用相信的眼神一万公里清澈
再也不需要神秘莫测
青天一片云，万山一点红
这新焊接的人间也真的值得

断裂，在一点点火花里复原
机器人焊接，并不影响一直延续的诗意
只是人的意识被另一个新新人类继承
基因依然星空一样灿烂

有一天他们的语言代替人的诗
一样让血液澎湃

大地上，焊接的声音此起彼伏
焊花里迸出诗歌，依旧莲动下渔舟
不用在劳您动手，璀璨世界
有一些空间，纯洁得万古洪荒

采煤人到西海岸

采煤人到西海岸，亲眼看见
太阳回归大海是那么温柔
一朵朵浪花都没有感觉
一浪卷着一浪拍击礁石
一点点声音都回归太阳
太阳吸收了一切
那么多人都在喊叫，又像是在歌剧里演唱
那么多浪花都在绽放，又像是在幸福地破碎
不在乎太阳到底会落向哪里
这不是碎浪和礁石有什么冲突
理解不理解都用一样的节奏对待这个世界
奔放的浪一会儿像雄狮
一会儿又像惊惧的小鹿
大田坡鹿就在不远的地方睁着看世界的眼睛
太阳依然不声不响落进海里那么温柔
成为这个夜晚的核心

深度互联

这些煤块、煤渣、粉末
甚至灰尘飞起来
在齿轮上，钢刃迸出星光
轻轻一碰睫毛
眼睛动一下，再动一下
整个世界
一些细节都那么具体
一个人一个人
在井下走，轨迹很清晰
一个点一个点
引发了终极关注……
呵，这深度互联
一切都可以随便碰触
伟大的地下工地开始透明且澄澈

三 D 界面

挖了一辈子的煤
看到这界面
比真实更真实
仿佛那后面
是站起来的无穷尽
站起来了，这日子
伸手关了这里的灯
该亮的地方
还是白昼
那么远，煤焰吐出舌
想起来都感觉这空间
是假的

露天矿油量

露天矿油量，没有刻度，一盆大雨扑下来
让整个沙漠长出了青草
草能覆盖住黑得流油的煤吗？焰火是浇不灭的
露天矿油量，夜晚被点燃的时候
那么多眼睛眨着，大地的眼睛，世界的眼睛
人心里面的眼睛一刻都不离开，哪有矿铲能够铲走
露天矿油量，黄昏的太阳要点燃已经点燃过了
要关门吱溜一下转过边角是冬天在沙漠上蔓延
地下开采的矿产在增大
长高了的眼睛始终盯着露天矿油量

拓疆者

一

拓疆者向手心吐了一口唾沫就抓住了把柄
这世界有了把柄这东西
什么事都能够往深处挖掘，直到水落石出
这是十八世纪肇始于异域，从手中开始
“啪”一个唾沫就溅到了地球许多地方
从单一工序的机械化生产
以蒸汽为动力的提升绞车、水泵、扇风机
取代了辘轳提升、水斗戽水和自然通风
陆续出现了风镐、电钻、凿岩机、链板输送机
气动装岩机、电动装载机、带式输送机
自动卸载矿车等采掘设备
拓疆者用大功率的技术装备向更深处掘进
拓疆者的腰有一点弯曲
太阳透过他的背影看见站立的姿势

从更远的地方到近处
一个一个矿井，井口都有他的声音
拓疆者不断实现矿井提升、矿井通风、矿井排水
矿井在他的身子下面一直有呼啸的声音

二

拓疆者梦想全部更新综合机械化设备
分别研制出用于地下长壁工作面的联合采煤机
完成落煤、装煤两道繁重工序的作业
与摩擦式或液压式单体支柱
以及弯曲输送机一起构成配套的普通机械
采煤的轰鸣开始更加动听
拓疆者捧出来每一个太阳
都让无数的夜晚明亮
完成采煤、装煤、运煤之后
采空区处理，实现连续、协调一致的综合机械化
他站到地平线上，是一个巨人
站到井下，是一个支架
支起平安的世界
从来就没有屈服过

三

拓疆者又进行地质勘探
探明煤层的分布可采层数、层厚、倾角、储量

拓疆者再次研究地质构造、自燃倾向、水、瓦斯
赋存状况和开采条件
然后合理规划矿区的建设规模、矿井数目
晚上眼睛闭着，仿佛都看见立井，斜井
井下大巷运输通风、供电、压气、煤仓
拓疆者和拓疆者一起把材料装备
从地面运到井下
又把地下各个点所需要的
电力、燃气、动力、防尘等安全措施
以及用水，通过专用管线输送到各个地方
拓疆者的心被接通了
和地球的心一起跳动
无论白天或晚上都有声音
拓疆者始终不停止采掘，拓疆无限
处处随身携带他自己的天下

煤堆旁的我

漠风一个劲地吹，一个劲
不停，能看到纵横的路径
黑色被吹成碎片
我站着，投在煤壁上的影子
只剩纹理，我挖了太久的煤
能感到挖的影子和挖的姿势
在风吹的煤堆旁波纹荡漾

巨大的钢架在不远的地方
看不到人，只看到我
我站得越久，越显高大
我独立，一线光芒在煤堆上闪烁
我眼里的光也闪烁

我知道挖了这么多煤
闪电落在眸子里最后是火焰
是人间虹霓，这人间值得，我弯腰
一辈子做一件事：挖煤

希望一直都在

希望一直都在，煤挖出来就是山
山堆起来就有脊梁线起伏
我站着看煤，煤看我，它懂了
我不是拆散，不是无情
不是用那么多齿轮把它粉碎
我把它拽出来，是拯救的信念更为坚牢
希望一直都在，生死相依的时刻
影像和现实彼此照应，天空还是那么蓝
甚至更蓝，未来更加有序
人类更有素质，煤山的栅栏更加低矮
我站一会儿就看见霞光，谁也不能挡住
希望一直都在
我们挖出地球的焰火一点点
给大地的光明一片片
绿色、智慧、数字，长长的手臂有钢铁代替
往前延伸，再长的暗夜都有温暖光芒
照耀在生命不能忘却的旅程……

谁在矿区拉响了手风琴

多么纯净的晚霞
漠风初起，音韵铿锵
一点点一点点抽打着小树林
钢架俯下身亲吻煤堆
天空的鼓点
一直保持不改初衷的节奏
不远处地平线的浮云
像有纸鸢在飘
秋天的叶子也在飘
一些人的影子深挚、波动
跟着飘，谁又从后面跟了上去
起伏成辽阔的平线
手指上的按键很干净
一抹晚霞按下去
整个矿区，波光潋滟

父子俩

老矿工在饮酒
小矿工拿着车钥匙准备出门

偌大的煤海，起伏的每一个晚上
他俩各自都有自己的事情

他俩，在地底走路的姿势
说话的方式、声音的大小
几乎一样，甚至被队长
有几次真的给认错人了

门口的花在风雪中盛开
他俩的眼睛落在那枝花上，风一吹
仿佛同时眨动了一下

彼此只会心地看了一眼
老矿工一仰头又下去了一壶酒
小矿工一脚油门甩下冬天的窗户

满地都是珠宝

面对满地废铜烂铁
像魔术师一样神秘
用车床，用焊枪，打磨生活
打磨一块一块的石头
打磨那么硬的无数骨头
发出伟大的生活之声

别看蒙上了尘土
岁月啊能盖住一切
岁月啊又被打磨出日月光华
别看满地的废铜烂铁
真的蒙上了那么厚的尘土
别看就几个人在偌大的车间里穿行
像不经意的音符那么轻地飘来飘去

过不了多久，就会发现
这满地都是珠宝
他们魔术师似的手

让这些废铜烂铁在恰当的位置
用恰当的方式
给开采的生活
奏响更加完美的采矿之声

上半个面

经历过来回的切割
乌黑的矿，石头，粉末
一座地底的山
只有伸长的臂去感知
硬朗，就半个，切割下去
一次，再一次或者更多
交替，看不见的手
在空气中更有力量
虎的吼声，乌金的滚动
世界滚滚地流淌
皮带是最神秘的事物
在下面，一座座山，仅上半个面
被齿轮的语言运走

矿工画像

我随便提一个铁锹就能挖开沙漠
一口井，能挖出 365 个太阳
我挖出翻滚的波涛，从来都不炫耀

我的脚下有个井口，那些波涛
沿着皮带抵达任意的地方
我用自己的双手让该发生的事情真的发生
在我之前和在我之后到来的人都和我一样
只要有工具，红色安全帽，橘色工装
脚下踩着黑色靴子
走路肯定都有轰隆隆的声音
我们天天挖，把这大沙漠挖出又一个洞

许多人穿过洞口——那被称作井口的地方
进进出出的一切都那么自然
昨天，我给手心吐了口唾沫握紧锹把继续挖
今天，我按下遥控器，轰隆隆的齿轮旋转继续挖

我并没有想回去，我只是
不断从地心深处找到自己的位置
这世界的虹霓春夏秋冬都不停地闪烁

总工程师的沉思

一头扎进沙漠我就没有后悔过
一镐凿入地下我就没有后退过
开始时，从旧照片边飘落一本书
翻开的一页，奔波的足迹越来越清晰

百叶窗很多时候不需要心灵来打开
只有地底的轰鸣充满人生的全部
我没有跨过任何一个边界
在自己的领地始终发出倔强的声音

不管走了多远，都不用给自己丈量里程
那坐落在购物广场的雕像
鸟儿用单脚独立一直咏唱天空的牧歌

我的天空伸手可触，每一次抬眼
都能看见煤壁上的各种象形文字
我暗示自己，这就是我工作的全部

每一天，我记住地球的帐篷曾经改变一切
搬一个小木凳，在帐篷的门口晒一会儿太阳
就想起深处的往事叮叮当当是又一个篇章

煤壁

试图用指甲盖刮开煤壁上的图案
不是水留下的痕迹，是思想
是地底的风，是渗透的力量
绘就了新世界的一个地图

我知道，我可以用我的铅笔标注开采的位置
这煤壁很坚固，不用担心
黑色的石头被混乱地安置
既然来，就是勇敢地进入
勇敢，我用自己的眼睛挖掘到史前期
我用半开的、半个面的手掌托一面镜子
映照出曾经的开采掘进图

过去很锋利，像有明晃晃的刃闪出熠熠的光
把一些虚幻的事物切开
这是新的大陆，对于我来说
这地底的煤壁，多少次穿越都像在薄冰上行走

容得下煤

容不得半点沙子，但必须容得下煤
一山的煤，一井的煤，千万吨的煤
一直在涌动，心里有，血液里有，手上就有

这无限真实，从月初到月尾，从早晨到黄昏
都一直在，放低身段
用倾斜的姿势给月亮留个造型
整个身心都是煤

煤海的波涛不用看见，只需感觉
整个心胸容纳了一高原的煤
生命就在挖掘中不断开拓
抵达或离开都怀着世界无限的梦

每一次，每一处，眼睛里真的容不下沙子
但容得下这浩瀚的煤海
乌金滚滚，现在想起来
幸福的眼睛比煤更黑更亮更能闪光

一坨铁

一坨铁，我给它砸进沙里
砸进沙下面的土里
砸进土下面的岩石里
这黑岩石
有这么灿烂的光芒在砸之中迸溅出来
我感到碎石与光芒之间溅出了理解与原谅
前世或者今生的约定不用眼神就达成和解
默许的对视中再没有什么恐怖
我还在砸
砸下去，心里面那头兽没有跑出来
就一直砸
以这坚硬的矿石为底座，往下砸
一直砸到命运风暴的中心

又一个明天

是有期待，真真切切的
在城市街巷，在一个门口
走出来以后，走了不久就是一个井口
从井下带回来大柳塔的宁静、活鸡兔的躁动
井口，很快的印象派都没有在早晨画出来
那一点点阳光，一点点照着
全副武装的脚步，脚后跟的靴子
啪啦啪啦把煤矸石踩成一条通往北京的坦途
对一起战斗过的人，对家人
每一天转身行走都带着温暖的目光
而深入，再深入，就想到明天
明天不会在太阳下面浪费阴影
明天也不会在小雨中支撑着小伞
旋转出一个波浪的世界
明天，明天穿过一个小巷
挖完煤之后，穿过更多的小巷
过一个楼梯，在一张桌子旁沐浴暖暖的阳光

听远处海轮飘过来，汽笛轰鸣
海浪带来我们的梦
明天，我们作为采煤人会到更远的地方

深挖

没有犹豫，就是我们自己挖的
挖得越深，里面就越少听到动静
三十三号坡井，坡度一直在加大
往下，越来越深，深到
一侧耳朵能听见地心的跳动
一个人深入进去一定感到绝望
绝望到不再想任何其他的事情
更深处，地球的跳动和心的跳动
并不一致，手上要做的事情
只能是继续挖
挖下去，一切都成了奢侈的梦境
继续挖，听不到一点外面的声音
不知不觉，已经挖透了
与外面的世界彻底隔绝

不朽的爱

这是真的，手脚并用，上下齐动
朝着低处挖掘的爱，永不褪色
那黑，黑中的美，闪出光芒
在夜晚里，在每一个地方
在每一个人的眼睛里尤其璀璨
以荣耀的方式给这世界
把埋没挖出来，把掩盖挖出来
挖过沙子挖尘土，挖过尘土挖岩石
挖出来光芒和不朽，这是真正的爱
舍家抛妻别子把一切笼罩都当作要拓开的天庭
支配着大脑和心脏，什么都可以分享
只有挖掘不止，这知识、智慧、青春、生命
一切的一切都在检修、推溜、开拉、巡检中完成
在越来越精细的分工中完成
在夜班、白班、中班、晚班
一次次挥手中完成
这是粗糙和精致的双手
在地底一天天创造——不朽的爱

邀请我，我就来

邀请我，我就来
在这沙柳丛中，这么多树
不仅仅是沙柳，沙漠里长出这么多树
他们从地下挖走了煤
在地上种出了这么多植物

我来，目光敏锐
我不是懈怠，不是放松，不是游山玩水
我在树丛中走，要我来，我就来
我知道自己并不缺少什么
朋友说："值得！来看看吧
这里是植物的王国，是花的海
每到春天，有集体的婚礼
那么多的青年一队队走向了家庭
他们多幸福，来看看吧！"

是的，值得来，这栈道咚咚的声音
让我仿佛听见自己曾经在地下的心跳

在地下，多少个时候
我专心挖掘，我的心跳
在这里有了回应
弯曲的栈道，一直粘贴着我的眼睛
这儿氧气很充足，让我大脑清醒
我就是要来我该来的地方

我们一起坐下来尝尝我带的果实
这么多果肉值得我们坐下来

我的火焰一定会在炉膛里无限闪耀

是的，这一点我确信
我的光芒，从地下挖出来的光芒
我的镐，我的铁锹，曾经的武器，我的钢铁！
现在，那 43305 工作面
那钢铁长城，那阵仗，那齿轮旋转的地下高音
我为那矿石纠结了一生
我那么饥渴的欲望从来没有熄灭过
我相信，逢山开路，遇河搭桥，遇顽石用重锤
我的心，我的大脑，那么坚定
仿佛祭坛上的人不为外在的一切所动
就只在圣歌中完成大地挖掘的使命
我的眼睛那么明亮，在沙漠里
沙尘飞腾，黄土漫漫，道路隐隐现现
我真的看见我的青铜时光摧毁更多矿石
我坚信，这是我一辈子开掘的财产
在智慧中给人类绽放出虹霓
赞美！创造！挖掘！点燃！
我的火焰一定会在炉膛里无限闪耀

我的天空

我曾经消耗过那么多蔚蓝的天空
充满霞彩的天空，以及雨意绵绵的天空

我应该到这地底
来感受铁丝网密布的主题
呵，我的钢一般的顶板，我的煤壁
这黑，这是我的另一种天空

我的天哪！深邃、幽暗，并不低矮
有轻悠悠的风吹过，并不郁闷
这是男人与男人集群似的征服
这地底，这倾斜与迷宫似的城

我每天都可以看到暗的天空
当我从井下一抬头，我就知道
这深不可测，跟我和解似的，报以灿烂

总会有什么东西在掉落

就这个时刻，齿轮在旋转
皮带在旋转，钢铁在轰鸣
钢铁与矿石之间一直有摩擦
一些声音被抑制
始终不能够传出去

这春夏秋冬交替的大地
其实什么也没有感觉到

其实这底下
总会有什么东西在掉落
一直在呼啦啦地冲锋陷阵
不随任何人的意志而转移

黑的地底有光照着，来的人都看见
被反光的灿烂有一点苍白
被光照着的每一个地方
都是黑的色彩，煤的精魂

大地之下如此嶙峋
海一样起伏的轮廓如此清晰

这看不见的地方
总有什么东西在掉落
一直在崩塌，再大一点
封闭得稳稳的大地
不会让任何人感觉到

掘着时间的黑岩石

不管我用多大的力
从时间的长廊上往里面看
往更深处看
往更深更深的地底看
只要有钢的刃
不断地在掘动
往深处掘动
我不过是掘着时间的黑岩石
那么多掘下来的碎石头
堆着
一直堆在
白天与黑夜辛劳的喘息中

挖过无数个黑夜的人

挖过无数个黑夜的人
走在黄昏的海边还能呼喊什么

海浪一阵一阵涌过来
海浪还会再一次冲刷过裤脚

一切消退之后沙滩仿佛留有遗迹
霞光就是现在的生活
可以让大海任意摇晃，摇晃
仿佛一车一车被挖掘出来黑夜的炭
要被运走

他笑着，抓一把有水的沙撒向海浪
霞光直接涂在他的脸上
没有人看见他内心到底有什么在波动

矿工也有自己的大海

不管多少人在海边欢叫、奔跑
矿工来到大海边就有自己的大海

海水不在乎岸边的每一个人到底是谁
海水也不在乎天边的夕阳是否就要坠落下去

一个浪一个浪冲击着时间、日子、光芒
袖着手的人或者保持挖掘姿势的人
也不在乎海水到底会冲刷掉什么

矿工在海边走，海鸥的翅膀拍击云朵
海浪拍击他的脚腕

他往前走，每一脚都踩在钟表的秒针和分针上
时针也不过是转动的一个齿轮
一天天刮走时间的石头

一年这么快，太阳落海
就剩下海风吹着

这已经是街市

这已经是街市
荒漠的风吹走了阴冷的命运
雪已经融化

街两旁都是广告牌
屋檐下的雪水在流动
更远处山涧跳出来的溪水自由自在

往来的人，都是挖煤的人
修鞋子的、磨刀的、戗剪子的
也在煤的色彩中
吆喝着一天天的幸福

雪真的融化了
沙一挥手已退去了五百里

这街市，一看就知道一车一车的煤运出去
又运进来生活的繁华

辘轳不会是一个人的

就像挖向地下的铲子
不是你一个人的
辘轳也不会是你一个人的

在月光下摇动辘轳
清澈的井水打捞上来
安静一会儿啊，月亮会在水里活脱脱地出现

有梦想就好，皎洁的水面
伸伸头又会是一张笑脸
看不清也没有关系
看得太清有一些五官会让人恐怖

模糊一点，风吹波浪变形
在水中有一万个机会
演绎虚幻的美

朦胧一点，不需要帘子掩盖

月光被打捞，辘轳不会是一个人的
谁都能够看一下自己的笑容

需要这样的阳光

需要这样的阳光从窗外照射进来
从树林的稠密的缝里漏过来
不需要别的人看见

一行脚印
或者一两行在纸上行走的叹息
突然发出了笑声
泼墨江山都是给自己的

真的，需要这样的阳光
温暖时分，一些期待不确定
模糊的想法不确定

时间中很多东西
不需要别的人看见
在有限的空间，不用那么幽暗

候鸟

一抬眼，不用问就知道
它们是候鸟，不用问
它们从哪里来

一动翅膀，不用问就知道
它们能待多久
翅膀一展开，不用问就知道
它们会飞往哪个方向

年年如此，在海边或者在森林里
它们只是飞
到哪里都不过是——经过

到工作面

到工作面，我就知道这黑夜是坚硬的
一块一块凝固在一起，就像日子一天天无缝地衔接
被齿轮旋转之后，那么多的岁月
激荡成粉末呼啦啦在皮带上奔赴
仿佛我听到这地底的喘息就是给人类听的

我真的听见了喘息！这侏罗纪的穿行
有没有翅膀，都有风在通风处吹来
我对光明与火焰略有所知
我更憧憬那火焰的翅膀把所有的夜晚
都扇动成群星灿烂
我穿行，就在工作面往前走
这钢铁长城给我以稳稳的安全屏障
我的步履随便一踩都在钢架上
这钢的道路，不仅坚硬还有让心脏加速的回声

我在向黑夜的深处走去开掘更多的光明
我在向光明的深处走去穿行更深的黑夜
这钢铁轰鸣的夜晚原来如此有力量

再加一把火

给炉膛加一把火
一锹的煤用来怀旧
再一锹的煤用来憧憬
火焰上的煤，烧得更欢
像我们的心思，被淬炼

我们总是想更红火一些
更温暖一些，更璀璨一些
而不需要冷却
我们努力让每一个人都有煤
都把煤加进去
哪怕吭哧吭哧发出努力的喘息
也用生命与这世界一次次交谈

就继续，再加一把火
命运不管怎样不可把控
温暖总比寒冷更能贴近人心
再加一把火，炉膛更红

淬炼的钢会更加硬朗
燃烧的话语会更加有力量

有一种不放弃的东西
在生命里无比重要
加就加吧，这炉膛够高温的了

光明记

而今，为了光明
我一直在翻这部书
时间这么久，白垩纪、侏罗纪
时间里，一切都意味着
我一镐下去，又一镐下去
还是一镐下去
最终，我挖出了月亮和星星
不，天太亮，我挖掘的是太阳
这一点只有我心里知道

我刚刚用智慧的齿轮分娩一个世界
我刚刚用青春的脚步迈出璀璨星河
繁星不仅仅在天上，也在我的心里
像春风一样美好、亲切
我，一个理想主义的翻书者
在井下一天天刮太阳的碎片
回到地上，我翻阅时间
众生的时间

注定也是我的时间
我随便的一天
都会有另一天的心情产生

不管我天资怎么样，我一天天
用自己的刀片刮着太阳的鳞
看不见没有关系
我知道，我可以命中注定默默无闻
但我的煤的海洋波浪汹涌
我的煤的山岳峭壁峥嵘
我书里的世界
参与式地热烈讨论
交换式地迷醉狂喜
我发现更多，发光的日子
一种感觉，让我每一天都完好如初

我在，我以生存者的背影
站在前方，我翻自己的书
光明啊，因为我的爱如此深沉
刮不尽梦想里的太阳

一朵蓝色小花

从矿井出来，就感觉从深陷走向暴露
这世界天光照着，真美

哦，天堂就在脚下
这是一个花园真的让我高兴
我在花朵中间走，刚刚洗过澡的身体，舒爽

这就是我想要的
我在下夜班的路上
我路过，已没有太多的奢求

阳光照着，愿望醒了，一天的生活继续
又似乎是我一天的工作刚刚结束

我就走在路上，一朵蓝色的小花
在前面，让我注目

对着镜子

整个春天，都在三班倒中
上班前剃须，对着镜子
呵，这个男人高大魁梧
呵，这个男人坚毅勇敢

他将走向另一个空间，不
他穿着得体要进击另一个世界
太阳帽，不，他头上的安全帽
矿灯的光柱一打，前方就没有一粒灰尘能够躲藏
他要去把矿石一层一层剥离下来
他要让皮带在一侧像道路移动
他要让安静的矿石搭乘心灵的高速度

对着镜子，他的手，他的脸，他的眼睛
无可代替，他看清自己，当然也看清他人
一点水声从骨骼咔咔响的指头间流了出来

整个春天，上班之前都有那么一瞬
心有大爱，奋斗和勇敢在每一天交织
更多的时候，他执着，义无反顾

秋天

秋天属于我们，综采机的齿轮在心中轰鸣
一直轰鸣，和我们的心跳一个节奏
仿佛再次踏上新的开掘征程

秋天带上我们，安稳地在钢铁的洞穴里
一天天向前迈进，向前
一步一个脚印，一齿轮一吨煤
矿石粉碎，暗夜有边，这巨大的洞穴被挖开
梦想翻身，钢铁转动，时光与宏图，无限真实

每一天，我们都用智慧的节奏迸出块垒、粉末、火星
每一次，我们高勒的矿靴咔嚓咔嚓走过
所到之处通体透明，乌金在切割中被运送了出去

多么好，草坪修剪得十分妥帖
多么好，云朵漂移得无比安逸
多么好，地上璀璨的秋天光阴
是我们沿着不变的方向挖掘出来的

往深处敲

我从井口下来
我往深处抵达

一把铁锹
敲击，一次次敲击
有一些声音能听见

那晃动的影子很清晰
很多人都懂，往里面敲
多少次都在敲
仿佛有声音喊出：把门打开吧！
把门打开吧！

里面没有光亮
也没有人回答
一直没有人回答

摄入心灵

把这幅画带到井底，带到另一个世界
煤壁上，或者齿轮旋转的深处
煤灰在弥漫，也带过去
那海浪拥着，太阳即将接近浪的皮肤
鳞片在闪光，每一寸，每一丝，每一毫
都有锦鲤在游泳

带过去，用眼睛和心灵雕刻
铭记并且吟诵，寂寞时分
那色彩与线条在血液中澎湃汹涌
沿着地底的巷道，悬挂似的滑行
在钢铁中起伏自豪的力量

这一刻，心有澎湃，热血激荡
落日正好在海平面上，与礁石
礁石的色彩与煤，煤的色彩与矿
矿的宝藏与我——
一辈子不离不弃地开掘，融合
这才是摄入心灵的永恒瞬息

寂静

寂静，用米开朗基罗的手
在泥土里撕开大卫的皮肤
有了血肉的世界，不需要刀子

思想者，最有姿态
一根针来到地上能听到惊雷
是离开米开朗基罗的耳朵丝丝入扣

风从窗户外面擦身走了
只有泡沫在泥土里捏出泡沫
像从地铁的这一站到另一站

寂静中，所有影子都像伪装的
崛起的面容，很迷人，也虚无
一闪入心就再也看不清楚

思想的苇草一直在晃动
像预言一样，所有的声音都是无声
完成这世界从揉捏的疼痛到出土的隐忍

南坡

在这个地方向南坡走，太阳照着
肯定不会是唐朝，我知道
我走几个来回，都走不回唐朝

大元的铁蹄，有一点声音
一直在石头上，我守候了多年
现在，我还将守候

我看见群山在远处蜿蜒
白雪用它的飘逸被风吹着
我一浪一浪的影子，渐行渐远
这一生，我听到钢铁轰鸣
是血液里从不停歇的涛声

苦尽甘来，我不敢放声歌唱像夏日鸣蝉
兴尽悲来，我没听到哪个音符在指尖上破碎
草木一如唐朝，我一如唐诗
一直起伏着平平仄仄的铿锵

向南坡走，阳光照着我
不用勘察我身体里有多少矿
可以挖掘出来

我说着自己的母语
我经常唱的曲子就是《歌唱祖国》
我在南坡的阳光里完成一次次重塑

雪地上的省略号

你可以认出来
但你一直不知道到底要表达什么

一步一个天空
雪花来的时候都不忍心扑上去
那么坚定，血总是热的，热热的
杀出一条路，思想中的轨迹在草木的心里很清晰

有一些空，雪不愿意补上去
踩下一只脚，还有一只脚
那么多的脚踩过去，倒立起来看这天下
踩着的天空无法解开

一个按钮打开，这世界茫茫茫茫一片
远方线装的编年体没有人再能翻阅
一些脚印，以没有声音的方式在天地间咆哮

天地间，雪的省略号无限悠远
后面，一阵一阵寒风一瞬间吹远

防火墙

有着考虑，有着犹豫，有着思想
所有的人都说
要在这里筑起高高的防火墙

他们筑墙，声音有点大
让听到的人甚至产生绝望
他们筑墙，厚，高，坚硬，冰冷
这世界最强的声音敲击人的心房

这世界，筑这个防火墙很必要
一些人坐在草地上讨论，很必要
一些人从草地上站起来，一抬头
仿佛看见星空
但筑墙，筑墙，筑墙的声音继续
防火墙在这地底筑起来把火焰隔绝

而在生命竭尽所能的工作中
所有的黑都是为了火焰
发出更耀眼的光芒

我不设防

从井下出来，我不设防
这个地方，每一粒沙子都是一个世界
阳光都蹦了出来

我的心已经敞开
从井下就敞开
生来独立，没有几个人和我接近
我的同事、朋友，都是我的亲人

我来此走动，沙子迎接我
一个宇宙迎接我

我真的不设防
一听我的嗓音
就知道带着从地底挖掘上来的光明

我是有思想的矿石

我有一万粒沙子
我有亿万吨矿井群

在我身体里醒来的
是地底咆哮的梦

在消失的地方，我的骨骼是一座山
透过夕阳的巨型背景，更加高大

我坚执，我是有思想的矿石
不曾离开，不会离开，直至火星迸溅

从井下刚刚回来

从井下刚刚回来，阳光照过来
院子里的牡丹奔跑着
给春天留下调皮的笑脸
窗户已经打开
是伸出手把窗户打开
都不用抠动一下窗闩
春风那么轻快，像剪刀
把花蕊剪了出来，那么灿烂
春天了，阳光的小锤子
一下，两下，三下
轻快的声音赶上从地底丈量出来的步履
蜜蜂在不远处发出自己的声音
蜻蜓飞翔像迈着方步
蝴蝶翩翩像在窗下穿了花衣裳
生活要遇到一场安静的爱情
多么好的日子
从井下刚刚回来

一直在东半球

我走，太阳抱在心里
用机器开掘太阳
在东半球已经成为常识
我不过来巡视一下
我不过在检修
我不过搬家倒面之后安排一些作业
我走过，有一些声音你能听见
我每天和自己一起听，道路非常清晰
注视着更远的地方
也注视这几公里的天地
这个世界很小也很大
我停留片刻，仿佛满世界都是自己
我走过，仿佛空气的分子在激荡
我从来都是一边抵达一边离开

牧云

下了井，井就是舞台
上了井，到山顶牧一朵草原的云
草正好，云真轻

牧云，我用鞭子喊一支歌，云变幻
我用声音谱写春曲，光到处弥漫
云朵回家，我在草尖上
看到天空如此深情

呵，牧云，牧东半球的宇宙
从地里挖出来的蓝让天空无限辽阔
我原来有万里澄碧的牧场

新年之晨

谁在不远的地方放着鞭炮
鞭炮声中我醒来
像春天醒来，花朵绽开
能听见鞭炮声中
花朵和风亲密的互致问候

多么好，那些摇晃的头脑渐渐清晰
多么好，那些灿烂的笑脸真的亲切
多么好，森林般的房子长高、很稳、窗花灿烂

真的春天了，开门迎迓春天
躬逢盛世，不沉迷于任何一个梦
而走向太阳热辣辣升起来新的一天

向深处

有一点犹豫，也要往里面走
一丝脆弱的、闪烁的眼神在转
隧道一样，有一点深

有一点水声，也往里面走
再深一点，咔哧咔哧的声音
像从遥远的地方传来

我和另一个我往里面走
如同记忆、影子、回声
向深处

林中小路

林中小路，除了草，除了两旁的树
除了成片的森林，有点空荡荡
稍远一点看，风一吹
仿佛在飘，一些脚步都在飘
早晨的雾，在散，很薄，还在散，更薄

一些光斜照过来，纺织一样
纺出生活的虹霓、森林的纤维
凝望的目光……纺织，都不拐弯
能听到记忆中的机器在地底响
地底，是齿轮在旋转
采煤的齿轮不停地旋转
一刀煤切了下来，那光线也旋转
有一些颗粒在光里面真的能看见

一条路飘着，隐隐约约，纤毫毕现
一些鸟的翅膀，留在恰当的云朵上
只有脚印，在纺织中慢慢被抽出纺锤的形状

掘进记

掘出更深的空阔，不用犹豫
就抓住这机械的把柄
简单的操作，智慧化，向前
轻一点，不要用太多的力
这大地深处，操纵的是我们自己的呼吸
就循着心跳向前，就等待
就用钢铁在坚硬的矿海中穿行
向前，翻开一页又一页
那深处最值得纪念的向前
一列火车在穿越黑夜，轻松地穿越
仿佛好多人的嘴角都挂着微笑
与世界在一起，那么有力量
到来的人都在到来，离开的人坦然离去
他们都会心地微笑
这集体的向前，体型超大、吨位高、围岩破碎
这掘进的世界，作业顺畅，出矸顺利，摩擦丝滑
就向前一点点，一个钢铁整体，无畏地推进

风动凿岩机

一天都在现场，四个人一起努力
一个也不能少，作业、炸药、开挖、碎石
往前走的人，都知道这是个技术活儿
一点都不能含糊

一种伸缩式的力量伸向世界
又从世界缩了回来
一块岩石，活塞的组件自由回转
强大的压力下，能够动是多么好
不用说，轻、重、多、少
不用说，难、易、上、下
坚硬的岩石没有人会精神上开小差

其实，也没有什么
就在嘴上涂一层防锈的油
流出来的花花和春天一个模样
到了晚上，更深的世界
不断吹送的风中，作业的人
真心的歌唱才传得更远

站起来的人

就是在井下掘进
井底的蛙，那么多
穿梭的春天和秋天
一些影子在晃
只有井底的蛙
相互之间能看见

一点点的声音变大
一点点的声音变得更大
传出去
不需要井口而需要用心
不需要时光而需要这一刻
嘀嘀嗒嗒地回应
听见了就听见，是蛙鸣
听不见的干脆忽略不计，天下无事

井越来越深，井底下掘进
不再是挖的姿势或影子
而是站起来的人……

煤堆旁也能长出草

五月，小推车
重一些，再重一些
压过煤堆旁的一棵草

草挺起身，探出头
和煤在一起
不远处的草原是大片的草
仿佛要涌过来
盖住这沉默的煤堆

小推车最终没有弄出声音
让这天空飘着洁白的云朵

煤堆很黑，云朵很白
小推车在草尖上滚过
撂下一句话:“我走啦！”

坐在海边的地图上

从井下出来，从云中穿过
我坐到海边的地图上

这时候，我硬朗的身体不用弯腰
大海一浪一浪地起伏
我想用齿轮的旋转把海浪的嶙峋切下来
我想用曾经的铲子把海浪的褶皱铲下来
我想平静的海会多么透亮地把我坐的姿势映照出来

天空很蓝，不像我在灯光下看见的昏黄井壁
大海在我的地图上一片蓝
我在大海边上没有人注意
我的方位不需要经度和纬度
我不过就坐在一个塑料椅子上
慵懒的时候，深陷在里面

我像井，一直深陷在我的心里
我像这世界，一直深陷在我的心里

我像这大海，开始深陷在我的心里

面对不停起伏的澎湃
我有这坐拥世界地图的一个下午

挖煤之后

留在这地下隐秘的呼唤，一直在呼唤
仿佛有火苗嵌着金色的梦想

火焰越来越明显，越来越明显
有些人看见，有些人视而不见
万千的花瓣落在花的根上

花开的时候，流水代替炊烟
不停地，叮叮当当作响

像一镐一镐的声音
敲在人的心上

旋转

居然发现整个井洞是旋转的彩虹
那么多的火焰多少年都不会消退

手上钢的刃，有光的时候一定闪光
有花朵的时候一定溅出满眼的花朵

往前走，坚定不移
这世界，从来用不着犹豫不决

再往前一点，旋转的光柱很明显
灵魂被一次次唤醒

就是在这样的地方，生命真的闪光
还有什么可以后悔

所有旋转的灯
照耀的道路，都无限地远

是一车车的煤进了炉膛

往地下挖得越深越大
我们的旗帜就举得越高越耀眼

多远的地方都能看见光芒
是一车车的煤进了炉膛

是一个挥臂又一个挥臂
从上一个世纪挥到这一个世纪

一直向更深处挥去，落日、朝日、霞光
鸟鸣声都追着，更加动人

再远一点看，那亿万吨的光芒
一天天，一分分，一秒秒被运输出去

没有人知道就问啥是神东
知道的人都说这是出产光明和温暖的源头

以钢铁为枕

钢铁的硬，在传递
只为了把这地心深处
鸟鸣、蛙鸣、石头轰鸣
都挖出来

火焰呼啦啦地飘
古人不让抱薪者冻毙于风雪
现在，挖土的人
枕着钢铁的硬，近乎神
挖出一地的动力澎湃
当炉膛烧得像晚霞一样红
出井的刹那，这世界如此灿烂

枕着这钢铁的硬
最坚硬的才最柔软
不能被征服的光芒万丈
是从心中刚刚挖出来
不可多得的修辞

赐给他们快乐，让他们尽情消受

离开矿区，转一个山头
是一个小镇
镇子深处有一个小餐馆
那是冬夜，炉火烧得通红
玻璃透出了灯光
一些人还没有睡
镇外的乌兰木伦河
向着远方流去

餐馆里，那些人在举杯
不时发出心灵深处的声音
不是觥筹交错，但又杯盏触碰
不是大鱼大肉，但有羊肉羊杂羊的宴
摆了一桌，哦，他们在享受生活

他们在光亮中留着剪影
从外面远远地看，以地球作为背景看
他们谁都是一个点，可以忽略不计

他们在桌子旁，
举杯、举筷、翕动着嘴唇
他们拥有整个世界，他们笑
倾诉自己遇到的顺心事、糟心事
他们的意志毫无保留地吐露出来……

这个时候，餐馆外下起大雪
冬夜的北方，有雪的北方
他们的灯光温暖了眼眸
他们的声音让世界充满生机和活力

呵，北国土地，什么气息？
冬的气息，什么气息？
开拓之后，他们真实地在做自己

赐予他们快乐
让他们尽情消受

矿区李家畔之夜

夏天并不是黑色，都亮了
从地底采出来的黑，亮了
这大地，真的亮，乌兰木伦河
橡胶大坝的水花比不上这灯溅出的花朵
一双双眼睛，在地底采煤矿工的眼睛
那么亮

汗水浇灌过这荒凉的土地
汗水浇灌了这丰硕的土地
这地底的宝藏，采掘出来大地这么亮
煤，无穷无尽的光芒变成亮晶晶的星星
火车在不远处轰响，一车一车的煤被运走
挖掘出来的亮，一直存在、永在

在心里，在炕头上，在天空中
李家畔的楼房，高楼，竖了起来
谁能说这是一个村子
对面，乌兰木伦河的对面是楼房

另一面还是楼房
横波涌起，山岛竦峙，楼房林立
灯很亮，夜总会没有了
但文化长廊的跫音一声、两声
闪闪烁烁，在睫毛间闪出世界新的期待

世界，公交车从不远处驶了过来
世界，沥青的马路闪出了光

日夜轰鸣，地底轰鸣，地上更加璀璨
闪烁的虹霓成为生活的一个音符
向着每一个地方飘
有心人抬起眼睛就看见闪烁的光芒

回家的人，北方人，南方人，一家人
伟大国家的人，车上车下，步行，塑胶跑道
那些人，奔跑着，挥洒汗水

后面的歌声和前面的歌声连在一起
连成一片，矿区李家畔之夜一抬眼就亮如白昼

就这么往前走

就这么穿着靴子，踩着一点点的积水
巷道幽邃就是一个大世界
有一些声音好像就是踩给自己听的

轻一点，再轻一点
自己踩出的声音听见了就像撞击在心上
是啊，心一直这么平静地跳

往深处，有一点黑，幸好前人送来的光
一直照着，始终照着

即便暗淡一点，只要有一点点的光也好
自己踩出的声音让自己的心轻轻地跳

我的天空湛蓝干净

从井口出来，已是深夜
脚下的石头，踩着
有一些声音是石头发出来的
有一些声音是脚板发出来的

这大地，走上来了
从矿井深处走上来了
脚下的摩擦，不是说话
脚下的摩擦，让声音回答这世界还是喧嚷的

像流逝的光阴在任意地方都流逝走了
像脚步在秒针分针时针上踩着一会儿就旋转过去

越走越远，一抬头，天空湛蓝
——我的天空湛蓝干净

我挖掘的不是煤，是焰火

每天在巷道里走，在工作面上走
一片一片的石头漆黑，灯照着，石头也黑

有光亮的地方才知道黑如此真实，充满质感
一齿轮一齿轮切下来，碎了
粉末，在飞，弥漫
水是多么及时，让一切归于干净和平静
——沸腾的心，一喷头的凉水
就让一切安静下来

安静，我向前走，看着，每一天的挖掘
看着，每一块石头在深处粉碎
看着，每一分每一秒我眼里都是焰火

我挖掘的焰火照亮人心
温暖是这么珍贵的事物

在寒夜时分璀璨每一双渴望的眼睛

这就够了，只要这个世界我在
我就要看见我想看见的一切

扛着粮食的姿势

给他照相，就照他扛着粮食的姿势
一个人扛着，无数的人在前面扛着
无数的人在后面跟着，扛着

给他照相，就照他那么坚忍不拔、坚持不懈
那一瞬间，楼房、窗户、门框、土墙
石头垒的墙、水泥铸的墙，房屋、高楼
他们穿梭，进出，都扛着，从来没有改变

他有时从容淡定，有时匆忙慌乱
偶尔把头倔强地昂向天空
脊梁驼下来了，还是扛着，充满不放弃的精神

向更远处走，是扛着
走进去了，还是扛着

每一天，我都发现，在大地上、草叶间
树丛中、空气里、蓝天下

他一直都扛着

给他照相，就照这个剪影
无论是从矿井下回来，还是从写字楼里出来
他都扛着，进去的时候扛着
出来的时候扛着

镜头准一点，不需要发出呐喊
也不需要回答，每一天
那样的姿势，一刹那就是永恒

见到阳光就生产阳光

也许粉碎亿万年积淀的石头
更有一种冲击的动能
猛、强烈，钢铁与石头迸溅出火花
在地下八百米的地方
影子叠着影子
所有看不见的手都在挥动
多少年前挖掘思想
多少年前切割惊恐的梦
有一个声音说："冬天，冷，太冷。"
又一个声音说："挖出来焰火
挖出来温暖，人间到处都会亮堂。"
不用怀疑
这深处的黑，破碎之后
见到阳光就生产阳光

又是一个黎明

一

又是一个黎明，我醒来，我知道新一天又要开始到井下
我要用我的智慧书写与大地深处有关的一切，这都是真的

我从来没有错过自己的节奏，我必须在自己的岗位像螺丝钉铆在自己的螺眼上
我没有太多的记忆，你知道，你也没有我的记忆

我就想象中执着在自己的节奏里
我知道，我深入到地底深处，地球每一天都为我在动，我也围着地球在动

我的行动就是在深处，在巷道，在工作面，在综采机旁，在钢铁之间
我听到钢铁森林的轰鸣，我可以让它安静下来，也可以让它更大声地喧嚷

当然，所有在地面上的人不一定知道这一切都是真的
这一切梦想成真，不是神话，也不是我虚构的故事

尽管我手上有更多的工具，我的工具箱里装了太多的东西
可以换，也可以不换，可以让我每天看见的井壁有着色彩
也可以让井壁单一如黑白画
电影原来那么快地变换着镜头
一个时代，一个时代都在变换

我每一天也可以让它变换，也可以保持一成不变
我的师傅，我的班长，我的徒弟，我的兄弟
我们每天都在一个空间里穿梭

也不是每天，三班倒的时候谁都有自己的天空
三班倒的时候谁都有自己深深地深深地回过头来一看就知道的洞穴

我们追逐，我们开拓，我们用延长的机器手臂
我们延长的钢铁的手臂那么有力量
我们往深处不停地挖，挖，挖
挖出内心的黄金，挖出血液中最有分量的东西

这大地轰鸣的火车，带走的是我们的梦想
这大地呼啸的轮船，带走的是我们一天天执着的信念

大海呀，澎湃一些，我们没有担心
大地呀，匆忙一点，我们一如既往

我的画布就从黎明开始，我要开始新一天的工作
许多年了，我都没有放弃，我一直坚持在自己的岗位上

路漫漫其修远兮，吾将上下而求索
这是中国诗人屈原说的
矿井、井口，矿井幽深兮，我一天也不会停歇

从地上到地下，我从来不是用脚步丈量过去
我的汽车轰隆着，开着汽车下矿井

一想到这里，我有点自豪，转过一个巷道又一个巷道
那么复杂的地方，有路标指引
那么复杂的地方，有灯光照耀

有光指引和爱，我和我的同事们
在空气中像一个点又一个点，闪烁

二

我走过的每一个地方，在地面
在别人的心中都有轨迹

哦，我是开拓者，像于谦一样凿开混沌
哦，我是开拓者，像我自己一样
挖出这大地珍藏了多年的旧梦

埋没不要紧，我悟出了一个道理
从鄂尔多斯、从北京、从大柳塔
从活鸡兔、从万利一矿、二矿
从黑岱沟矿、哈尔乌素矿、从胜利露天矿……
我深入，每一天的风吹我

从黎明开始，我走出门的时候，风吹我是那么清新
下了矿井，也有清风吹过
呵，通风班的同事们多么认真
给我带来新鲜的风

这新鲜的世界，有光芒照耀着
我是人民中的一员，我是矿工中的一员
我在那里，用自己的心、生命、激情
做着自己不朽的画幅

别说我优雅，我就是矿工
我粗犷，我彪悍，我有力量
我有信心，我在每一个角落，在每一个巡视的点上、检修的点上

每一个螺丝钉，像我一样的螺丝钉我都不会忽略，我记得清楚
我必须用自己的激情、智慧和勇气开拓着快乐的源泉
我必须用自己的影子在井底昏黄的灯光照耀下一步一步前进或后退

每一个方向，一转身都是我的前方
不转身，我就往前走
我的前方那么坚定，到处都有光芒在闪耀

三

我执着相信我所做的一切，我也忍受着一切
生活，买葱的时候
生活，背着一袋米弯腰的时候

我最钟情于每一天背着一筐一筐的煤
那时候先辈都背着，都弯着腰，脸上有一些煤灰

现在，我可以纯纯净净地面对这一切
这光耀的大地
我是光鲜的，我自豪于在这井下八百米的地方是一个新的世界

微妙、神秘，你可以来，也可以离开

你可以看，也可以投身其中

我挖出的光荣，挖出的光芒，挖出的焰火
在伸手不见五指漆黑的夜，在远方，闪烁

那些闪烁都有我的汗水，我曾经在地底深处留着有光芒的汗
气味你可以闻到，也可以忽略

十月的时候我从大地上带来丰收的果实
十二月的时候我从地底深处带来温暖

哦，地下牧场，我能够想象牛羊成群的草地
我的草地，就是这黑色的煤海，煤的波浪里卷着一天天的叫声

我从黎明开始就要走到井下
或者三班倒的时候，我从夜晚也走到井下
我用自己的旋律和节奏面对深不可测的世界

我可以写下年代，也可以写下季节
也可以写下具体的日子，包括时间
每一个点上都有我的轨迹

我不在光芒的顶端，也不在幽暗的底层
我用自己的线条勾勒着雕像

我勾勒的，不一定是自己的
也不一定是你的

四

日出多好，我走出了门，我就要走向我崭新的开始
我感觉世界都是我的，全世界都为我而亮了

我经过过去的客栈，我出差的时候
没有忘记我是一个矿工，那时候
我以为我是迫不得已，现在我知道我是顺其自然，别无选择

不是我有意要走到井下，是命运的工作车把我带到了这里
我的坐标啊，我的工作服，我头顶上的矿灯
轻轻一按就亮了

我旋转，再旋转，世界真的很亮
我能够看见我想看到的一切
我向每一天每一块煤致意

经过千万年孕育的生物，也是生命
那么黑，灯光照耀到的地方它就闪出光
我俯身于这千万年的梦魇中

我是最有灵性的，我高大，我穿越
我带着自己的祖国，带着自己的家园
带着自己的亲人，带着自己的梦，穿越

我真的高大，每一个地方都由水泥铸造过
每一个地方我的脚踩得都那么坚硬
煤石在一侧，轰隆隆的机械在一侧
铺着我矿灯光芒的道路笔直且平坦
我细心一看，像速写一样简洁干净又亮堂

到正午的时候，我就餐在自己的坐标点上
我坐一会儿，或者蹲下来和大家一样说说笑笑

这就是我的生活，从黎明开始
到更深处，一天都有自己的汹涌和澎湃

我在壁画里穿行，相信我，我的井壁
从任意的方向看都是神圣而不朽的画

我走过去留下的影子，生存或者毁灭
或者有一点矿井里的光照过来
我都穿着靴子踩在从顶板上面滴下的水滴里

即便我的天空偶尔有雨
我也一直走得坚定不移

微信公众号

官　网